Kuchnia Włoska

Przepisy, Które Poddają się Sercu

Luca Rossi

ZAWARTOŚĆ

smażone cebule 9

Cebula z octem balsamicznym 11

Konfitura z czerwonej cebuli 13

Sałatka z pieczonej cebuli i buraków 15

Cebulki perłowe z miodem i pomarańczą 17

Groszek z cebulą 19

Groszek z prosciutto i zieloną cebulką 20

Groszek z sałatką i miętą 22

Sałatka z groszku wielkanocnego 24

Pieczone papryczki 26

Sałatka z grillowanej papryki 28

Pieczona papryka z cebulą i ziołami 29

Smażona papryka z pomidorami 31

Papryka w occie balsamicznym 33

Marynowana papryka 35

Papryczki migdałowe 37

Papryka z pomidorami i cebulą 39

Nadziewane papryki 41

Neapolitańska papryka faszerowana 43

Faszerowane papryki w stylu Ada Boni 46

Smażona papryka 48

Smażona papryka z cukinią i miętą 50

Terrina z bakłażana i pieczona papryka 52

Słodko-kwaśne ziemniaki 55

Ziemniaki z octem balsamicznym 57

frytki weneckie 59

Smażone ziemniaki" 61

Sos paprykowo-ziemniaczany 63

Puree ziemniaczane z pietruszką i czosnkiem 65

Ziołowe Ziemniaki Z Pancettą 67

Ziemniaki z pomidorami i cebulą 69

Pieczone ziemniaki z czosnkiem i rozmarynem 71

Pieczone Ziemniaki Z Pieczarkami 73

Ziemniaki i kalafior w stylu Basilicata 75

Ziemniaki i kapusta na patelni 77

Ciasto ziemniaczano-szpinakowe 79

Neapolitańskie krokiety ziemniaczane 82

Neapolitański placek ziemniaczany taty 85

Pomidory Z Patelni 88

Pomidory na parze 90

Smażone pomidory 91

Faszerowane Pomidory Farro 93

Pomidory faszerowane po rzymsku 95

Pieczone pomidory z octem balsamicznym 97

Carpaccio Z Cukinii 100

Cukinia z czosnkiem i miętą 102

smażona cukinia 104

Cukinia Z Prosciutto 106

Cukinie z panierką parmeńską 108

Zapiekanka z Cukinii 110

Cukinia z pomidorami i anchois 112

Gulasz z cukinii 114

Cukinia faszerowana tuńczykiem 116

smażona cukinia 118

Kawałki cukinii 120

Słodko-kwaśny Zimowy Squash 122

Grilowane warzywa 124

Pieczone zimowe korzenie 126

Letni gulasz warzywny 128

Warstwowy Gulasz Warzywny 131

Domowy chleb 136

chleb ziołowy 138

Chleb serowy w stylu Marche 141

Złote roladki kukurydziane 144

Chleb z czarnych oliwek 147

Chleb Stromboli 150

Chleb Z Serem Orzechowym 153

Roladki z pomidorów 156

rustykalna brioszka 159

Bochenek z papieru muzycznego z Sardynii 162

Chleb z czerwoną cebulą 165

Chleb z białego wina 168

Chleb z suszonymi pomidorami 171

rzymski chleb ziemniaczany 174

Chleb tostowy z regionu Emilia-Romania 177

paluszki chlebowe 180

Krążki kopru włoskiego 183

Krążki migdałów i czarnego pieprzu 186

Pizza domowej roboty 189

Ciasto na pizzę neapolitańską 192

Pizza z mozzarellą, pomidorem i bazylią 195

Pizza z pomidorami, czosnkiem i oregano 197

Pizza z Dzikimi Grzybami 199

Calzoniego 202

Placki z anchois 205

Sprzedaż pomidorów i sera 208

Ciasto wielkanocne 210

smażone cebule

Cipolle al Forno

Przepis na 4-8 porcji

Te cebule stają się miękkie i słodkie po ugotowaniu; spróbuj ich z pieczonym mięsem.

4 średnie białe lub czerwone cebule, obrane

½ szklanki zwykłej suchej bułki tartej

¼ szklanki świeżo startego sera Parmigiano-Reggiano lub Pecorino Romano

2 łyżki oliwy z oliwek

Sól i świeżo mielony czarny pieprz

1. Doprowadź średni garnek wody do wrzenia. Dodaj cebulę i zmniejsz ogień tak, aby woda tylko się zagotowała. Gotować przez 5 minut. Niech cebula ostygnie w garnku z wodą. Odcedź cebule i przekrój je wzdłuż na pół.

2. Umieść ruszt na środku piekarnika. Rozgrzej piekarnik do 350 ° F. Natłuść naczynie do pieczenia na tyle duże, aby pomieścić cebulę w jednej warstwie. Umieść cebulę na patelni, przecięciem

do góry. W małej misce wymieszaj bułkę tartą, ser, oliwę z oliwek oraz sól i pieprz do smaku. Bułkę tartą wyłożyć na cebulę.

3. Piecz przez 1 godzinę lub do momentu, aż cebula będzie złota i miękka po przekłuciu nożem. Podawać na ciepło lub w temperaturze pokojowej.

Cebula z octem balsamicznym

Cipolle z octem balsamicznym

Wychodzi 6 porcji

Ocet balsamiczny uzupełnia słodki smak i kolor czerwonej cebuli. Dobrze komponują się z pieczoną wieprzowiną lub kotletami schabowymi.

6 średnich czerwonych cebul

6 łyżek oliwy extra vergine

3 łyżki octu balsamicznego

Sól i świeżo mielony czarny pieprz

1. Umieść ruszt na środku piekarnika. Rozgrzej piekarnik do 375 ° F. Naczynie do zapiekania wyłóż folią aluminiową.

2. Umyj cebulę, ale nie obieraj jej ze skórki. Umieść cebulę w przygotowanym naczyniu. Gotuj cebulę przez 1 do 1,5 godziny, aż zmięknie po przekłuciu nożem.

3. Odetnij korzenie cebuli i usuń skórkę. Cebule pokroić w ćwiartki i przełożyć do miski. Dodaj olej, ocet, sól i pieprz do smaku i wymieszaj. Podawać na ciepło lub w temperaturze pokojowej.

Konfitura z czerwonej cebuli

Confettura di Cipolle Rosse

Wychodzi około 1 pinty

Położona na kalabryjskim wybrzeżu Tropea słynie ze słodkiej czerwonej cebuli. Chociaż czerwona cebula w USA jest bardziej ostra, nadal możesz zrobić ten pyszny dżem, który jedliśmy w Locanda di Alia w Castrovillari. Dżem podawano ze smażonymi na złoto sardynkami, ale dobrze komponuje się również z kotletami schabowymi czy grillowanym kurczakiem. Podoba mi się również jako przyprawa do mocnego sera, takiego jak dojrzałe pecorino.

Wariant z dżemem ma posiekaną świeżą miętę. Pamiętaj, aby użyć patelni z grubym dnem i utrzymywać bardzo niskie ciepło, aby zapobiec przywieraniu cebuli. Dodaj trochę wody, jeśli wysychają zbyt szybko.

1 1/4 kilograma czerwonej cebuli, bardzo drobno posiekanej

1 kieliszek wytrawnego czerwonego wina

1 łyżeczka soli

2 łyżki niesolonego masła

1 łyżka octu balsamicznego

1 lub 2 łyżki miodu

Około 1 łyżka cukru

1. W średnim rondlu połącz cebulę, czerwone wino i sól na średnim ogniu. Doprowadzić do wrzenia i zmniejszyć ogień. Przykryj i gotuj, często mieszając, przez 1 godzinę 15 minut lub do momentu, aż cebula będzie bardzo miękka. Cebula stanie się lekko przezroczysta.

2. Wymieszaj masło, ocet balsamiczny i 1 łyżkę miodu oraz cukier. Dusić pod przykryciem, często mieszając, aż cały płyn odparuje i masa będzie bardzo gęsta.

3. Niech ostygnie. Podawać w temperaturze pokojowej lub lekko ciepłe. To będzie przechowywać w lodówce do miesiąca. Podgrzej go, umieszczając w małej misce ustawionej na garnku z gotującą się wodą lub podgrzej w kuchence mikrofalowej.

Sałatka z pieczonej cebuli i buraków

Insalata di Cipolla i Barbabietola

Wychodzi 6 porcji

Jeśli nigdy nie jadłeś świeżych buraków w sezonie, powinieneś ich spróbować. Kiedy są młode i delikatne, są wyjątkowo słodkie i smaczne. Kupuj je latem i jesienią, kiedy są w najlepszej formie. Z wiekiem stają się zdrewniałe i pozbawione smaku.

6 buraków, pokrojonych i obranych

2 duże cebule, obrane

6 łyżek oliwy z oliwek

2 łyżki octu z czerwonego wina

Sól i świeżo mielony czarny pieprz

6 listków świeżej bazylii

1. Umieść ruszt na środku piekarnika. Rozgrzej piekarnik do 400 ° F. Wyszoruj buraki i zawiń je w duży kawałek folii i szczelnie zamknij. Umieść opakowanie na blasze do pieczenia.

2. Pokrój cebulę na kawałki wielkości kęsa. Ułóż je w naczyniu żaroodpornym i skrop 2 łyżkami oliwy z oliwek.

3. Umieść wiązkę buraków i patelnię z cebulą obok siebie w piekarniku. Piec przez 1 godzinę lub do momentu, aż buraki będą miękkie po przekłuciu nożem, a cebula będzie złocistobrązowa.

4. Niech buraki ostygną. Obierz skórki i pokrój buraki w plastry.

5. W dużej misce wymieszaj buraki i cebulę z ¼ szklanki oliwy z oliwek, octem oraz solą i pieprzem do smaku. Posypać bazylią i od razu podawać.

Cebulki perłowe z miodem i pomarańczą

Cipolline Profumate all'Arancia

Wychodzi 8 porcji

Słodko-kwaśna cebulka perłowa doprawiona miodem, pomarańczą i octem dobrze komponuje się ze świątecznym indykiem lub kapłonem, pieczenią wieprzową lub jako przystawka z plastrami salumi. Można je przygotować wcześniej, ale przed podaniem należy je dokładnie podgrzać.

2 kilogramy cebuli perłowej

1 słupek pomarańczowy

2 łyżki niesolonego masła

¼ szklanki miodu

¼ szklanki białego octu

Sól i świeżo mielony czarny pieprz

1. Doprowadź duży garnek wody do wrzenia. Dodaj cebulę i smaż przez 3 minuty. Odcedź je i ostudź pod bieżącą wodą. Ostrym sekatorem ogolić końce korzeni. Nie obcinaj końcówek zbyt

głęboko, bo cebula rozpadnie się podczas gotowania. Usuń skórki.

2. Usuń skórkę z pomarańczy za pomocą obieraczki z obrotowym ostrzem. Ułóż plastry skórki i pokrój je w cienkie słupki. Wyciśnij sok z pomarańczy. Odłożyć.

3. Rozpuść masło na dużej patelni na średnim ogniu. Dodaj cebulę i smaż przez 30 minut lub do lekkiego zrumienienia. Od czasu do czasu potrząśnij patelnią, aby się nie przypaliły.

4. Dodaj sok pomarańczowy, skórkę, miód, ocet oraz sól i pieprz do smaku. Zmniejsz ogień i gotuj cebulę przez 10 minut, często obracając, aż cebula będzie miękka po przekłuciu nożem i pokryciu sosem. Niech ostygnie. Podawać na gorąco.

Groszek z cebulą

Piselli con Cipo

Wychodzi 4 porcje

Niewielka ilość wody dodana do patelni pomaga cebuli zmięknąć i zmięknąć bez brązowienia. Słodycz cebuli wzmacnia smak groszku.

2 łyżki oliwy z oliwek

1 średnia cebula, posiekana

4 łyżki wody

2 szklanki świeżego łuskanego groszku lub 1 opakowanie (10 uncji) mrożonego groszku

Szczypta suszonego oregano

Sól

1. Wlej olej do średniego rondla. Dodaj cebulę i 2 łyżki wody. Gotuj, często mieszając, aż cebula będzie bardzo miękka, około 15 minut.

2. Dodać groszek, pozostałe 2 łyżki wody, oregano i sól. Przykryj i gotuj, aż groszek będzie miękki, od 5 do 10 minut.

Groszek z prosciutto i zieloną cebulką

Piselli z prosciutto

Wychodzi 4 porcje

Ten groszek dobrze komponuje się z kotletami jagnięcymi lub pieczoną jagnięciną.

3 łyżki niesolonego masła

4 zielone cebule, przycięte i pokrojone w cienkie plasterki

2 szklanki świeżego łuskanego groszku lub 1 opakowanie (10 uncji) mrożonego groszku

1 łyżeczka cukru

Sól

4 cienkie plastry włoskiego prosciutto z importu, pokrojone w poprzek na cienkie paski

1. Rozpuść 2 łyżki masła w średnim rondlu. Dodaj zieloną cebulę i smaż przez 1 minutę.

2. Dodaj groszek, cukier i sól do smaku. Wymieszaj 2 łyżki wody i przykryj patelnię. Gotuj na małym ogniu, aż groszek będzie miękki, 5-10 minut.

3. Wymieszaj prosciutto i pozostałą łyżkę masła. Gotuj jeszcze minutę i podawaj gorące.

Groszek z sałatką i miętą

Piselli pod Mentą

Wychodzi 4 porcje

Nawet mrożony groszek smakuje świeżo zebrany, gdy jest przygotowany w ten sposób. Sałata dodaje chrupkości, a mięta dodaje rześkiego, świeżego smaku.

2 łyżki niesolonego masła

¼ szklanki cebuli, bardzo drobno posiekanej

2 szklanki świeżego łuskanego groszku lub 1 opakowanie (10 uncji) mrożonego groszku

1 szklanka posiekanej sałaty

12 listków mięty, porwanych na kawałki

Sól i świeżo mielony czarny pieprz

1. Rozpuść masło w średnim rondlu na średnim ogniu. Dodaj cebulę i gotuj, aż będzie miękka i złota, około 10 minut.

2. Dodaj groszek, sałatę, listki mięty oraz sól i pieprz do smaku. Wymieszaj 2 łyżki wody i przykryj patelnię. Gotuj przez 5 do 10

minut lub do momentu, aż groszek się ugotuje. Podawać na gorąco.

Sałatka z groszku wielkanocnego

Sałatka wielkanocna

Wychodzi 4 porcje

W latach pięćdziesiątych Romeo Salta uchodziła za jedną z najlepszych włoskich restauracji w Nowym Jorku. Wyróżniał się, ponieważ był bardzo elegancki i serwował dania kuchni północnych Włoch w czasach, gdy większość ludzi znała tylko rodzinne restauracje serwujące dania z południowych czerwonych sosów. Właściciel, Romeo Salta, rzemiosła restauracyjnego nauczył się pracując na luksusowych statkach wycieczkowych - wówczas najlepszym poligonie dla personelu restauracji. Ta sałatka pojawiła się w menu w okolicach Wielkanocy, kiedy świeżego groszku było pod dostatkiem. W oryginalnym przepisie były też anchois, chociaż ja wolę sałatkę bez nich. Czasami do prosciutto dodaję posiekany ser szwajcarski lub podobny.

2 1/2 szklanki świeżego łuskanego groszku lub 1 opakowanie (10 uncji) mrożonego groszku

Sól

1 żółtko ugotowane na twardo

¼ szklanki oliwy z oliwek

¼ dl soku z cytryny

Świeżo mielony czarny pieprz

2 uncje pokrojonego w plasterki importowanego włoskiego prosciutto, pokrojonego poprzecznie w cienkie paski

1. W przypadku świeżego lub mrożonego groszku zagotuj średni garnek wody. Dodać groszek i sól do smaku. Gotuj, aż groszek będzie miękki, około 3 minut. Odcedź groszek. Schłodź je pod zimną bieżącą wodą. Wytrzyj groszek.

2. Rozgnieść żółtko w misce widelcem. Mieszamy z olejem, sokiem z cytryny, solą i pieprzem do smaku. Dodać groszek i delikatnie wymieszać. Dodaj paski prosciutto i natychmiast podawaj.

Pieczone papryczki

Pepperoni Arrosti

Wychodzi 8 porcji

Pieczona papryka dobrze komponuje się z sałatkami, omletami i kanapkami. Dobrze też zamrażają, więc możesz zrobić porcję latem, kiedy papryki jest pod dostatkiem i zachować je na zimowe posiłki.

8 dużych czerwonych, żółtych lub zielonych papryk

1. Przykryj brytfankę folią aluminiową. Umieść patelnię brojlerów około 3 cali od źródła ciepła. Umieść całą paprykę na patelni. Włącz grill na wysoką temperaturę. Piecz papryki, często obracając szczypcami, przez około 15 minut lub do momentu, aż na skórce pojawią się pęcherze i będą zwęglone. Włóż papryki do miski. Przykryć folią aluminiową i ostudzić.

2. Papryki przekrój na pół, odcedź sok do miski. Obierz skórki i usuń nasiona i łodygi.

3. Pokrój paprykę wzdłuż na 1-calowe paski i umieść w misce do serwowania. Odcedź sok na papryce.

4. Podawać w temperaturze pokojowej lub przechowywać w lodówce i podawać schłodzone. Papryka będzie przechowywana przez 3 dni w lodówce lub 3 miesiące w zamrażarce.

Sałatka z grillowanej papryki

Insalata di Peperoni Arrostiti

Wychodzi 8 porcji

Podawaj te papryki jako część zestawu antipasti, jako dodatek do grillowanego tuńczyka lub wieprzowiny lub jako antipasto z plastrami świeżej mozzarelli.

1 przepis (8 papryk)Pieczone papryczki

⅓ szklanki oliwy z oliwek extra virgin

4 porwane listki bazylii

2 ząbki czosnku, drobno pokrojone

Sól i świeżo mielony czarny pieprz

W razie potrzeby przygotuj paprykę. Papryki wymieszać z oliwą, bazylią, czosnkiem oraz solą i pieprzem do smaku. Odstawić na 1 godzinę przed podaniem.

Pieczona papryka z cebulą i ziołami

Pepperoni Arrostiti i Cipolle

Wychodzi 4 porcje

Papryczki podawaj na gorąco lub w temperaturze pokojowej. Stanowią również dobry dodatek do crostini.

½ przepisuPieczone papryczki; użyj czerwonej lub żółtej papryki

1 średnia cebula, przekrojona na pół i cienko pokrojona

Szczypta mielonej czerwonej papryki

2 łyżki oliwy z oliwek

Sól

½ łyżeczki łyżeczka suszonego oregano, rozgniecionego

2 łyżki posiekanej świeżej pietruszki

1. W razie potrzeby przygotuj papryki zgodnie z krokiem 3. Następnie odsącz papryki i pokrój je wzdłuż na paski o szerokości 1/2 cala.

2. Smaż cebulę na oleju z pokruszoną czerwoną papryką na średnim ogniu, aż cebula będzie miękka i złota, około 10 minut. Dodaj paprykę, oregano i sól do smaku. Gotuj, mieszając od czasu do czasu, aż się podgrzeje, około 5 minut. Wymieszaj z pietruszką i gotuj przez kolejną minutę. Podawać na ciepło lub w temperaturze pokojowej.

Smażona papryka z pomidorami

Pepperoni al Forno

Wychodzi 4 porcje

W tym przepisie z Abruzji świeża i niezbyt ostra papryczka chilli przyprawia paprykę. Możesz zastąpić mieloną czerwoną paprykę lub małą suszoną papryczkę chili. Te papryki są doskonałe na kanapki.

2 duże czerwone papryki

2 duże żółte papryki

1 papryka, taka jak jalapeño, pozbawiona nasion i posiekana

3 łyżki oliwy z oliwek

Sól

2 ząbki czosnku, posiekane

2 średniej wielkości pomidory, obrane, pozbawione nasion i posiekane

1. Umieść ruszt na środku piekarnika. Rozgrzej piekarnik do 400 ° F. Natłuść duże naczynie do pieczenia. Połóż papryki na desce do krojenia. Trzymaj łodygę w jednej ręce i umieść krawędź

dużego, ciężkiego noża szefa kuchni za krawędzią nasadki. Cięcie prosto w dół. Obróć paprykę o 90°, a następnie pokrój prosto w dół. Powtórz, odwróć i wytnij dwa pozostałe boki. Wyrzuć pestkę, nasiona i łodygę, które są w jednym kawałku. Odetnij wszystkie błony i wyskrob nasiona.

2. Pokrój paprykę wzdłuż na 1-calowe paski. Dodaj pieprz na patelnię. Dodaj olej i sól do smaku i dobrze wymieszaj. Rozłóż paprykę na talerzu.

3. Piecz papryki przez 25 minut. Dodaj czosnek i pomidory i dobrze wymieszaj. Gotuj przez kolejne 20 minut lub do momentu, aż papryka będzie miękka po przekłuciu nożem. Podawać na gorąco.

Papryka w occie balsamicznym

Papryka balsamiczna

Wychodzi 6 porcji

Słodycz octu balsamicznego uzupełnia słodycz papryki. Podawać na gorąco z kotletami wieprzowymi lub jagnięcymi lub w temperaturze pokojowej z zimnym kurczakiem lub pieczoną wieprzowiną.

6 dużych czerwonych papryk

¼ szklanki oliwy z oliwek

Sól i świeżo mielony czarny pieprz

2 łyżki octu balsamicznego

1. Umieść ruszt na środku piekarnika. Rozgrzej piekarnik do 400 ° F. Połóż papryki na desce do krojenia. Trzymaj łodygę w jednej ręce i umieść krawędź dużego, ciężkiego noża szefa kuchni za krawędzią nasadki. Cięcie prosto w dół. Obróć paprykę o 90°, a następnie pokrój prosto w dół. Powtórz, odwróć i wytnij dwa pozostałe boki. Wyrzuć pestkę, nasiona i łodygę, które są w jednym kawałku. Odetnij wszystkie błony i wyskrob nasiona.

2. Paprykę pokroić w 1-centymetrowe paski. Umieść je na dużej płytkiej patelni z olejem, solą i pieprzem. Rzuć dobrze. Piecz papryki przez 30 minut.

3. Wymieszaj ocet. Piecz papryki przez kolejne 20 minut lub do miękkości. Podawać na ciepło lub w temperaturze pokojowej.

Marynowana papryka

Pepperoni Sott'Aceto

Robi 2 pinty

Kolorowe papryczki zawijane w occie są pyszne na kanapce lub z wędlinami. Można ich użyć do zrobieniaSos paprykowy typu molise.

2 duże czerwone papryki

2 duże żółte papryki

Sól

2 szklanki białego octu

2 szklanki wody

Szczypta mielonej czerwonej papryki

1. Połóż papryki na desce do krojenia. Trzymaj łodygę w jednej ręce i umieść krawędź dużego, ciężkiego noża szefa kuchni za krawędzią nasadki. Cięcie prosto w dół. Obróć paprykę o 90°, a następnie pokrój prosto w dół. Powtórz, odwróć i wytnij dwa pozostałe boki. Wyrzuć pestkę, nasiona i łodygę, które są w jednym kawałku. Odetnij wszystkie błony i wyskrob nasiona. Pokrój paprykę wzdłuż na 1-calowe paski. Umieść papryki w

durszlaku ustawionym na talerzu i posyp solą na wierzchu. Odstawiamy na 1 godzinę do ocieknięcia.

2. W niereaktywnym rondlu połącz ocet, wodę i zmiażdżoną czerwoną paprykę. Doprowadzić do wrzenia. Zdjąć z ognia i lekko ostudzić.

3. Papryki opłucz pod zimną wodą i osusz. Zapakuj paprykę do 2 wysterylizowanych słoików. Zalać schłodzoną mieszanką octu i zakręcić. Odstawić w chłodne, ciemne miejsce na 1 tydzień przed użyciem.

Papryczki migdałowe

Mandorla Pepperoni

Wychodzi 4 porcje

Stary przyjaciel mojej mamy, której rodzina pochodziła z Ischii, małej wyspy w Zatoce Neapolitańskiej, dał jej ten przepis. Lubił podawać go do obiadu na włoskim chlebie smażonym na złoty kolor na oliwie z oliwek.

2 czerwone i 2 żółte papryki

1 ząbek czosnku, lekko zmiażdżony

3 łyżki oliwy z oliwek

2 średniej wielkości pomidory, obrane, pozbawione nasion i posiekane

¼ szklanki wody

2 łyżki kaparów

4 filety anchois, posiekane

4 uncje prażonych migdałów, grubo posiekanych

1. Połóż papryki na desce do krojenia. Trzymaj łodygę w jednej ręce i umieść krawędź dużego, ciężkiego noża szefa kuchni za krawędzią nasadki. Cięcie prosto w dół. Obróć paprykę o 90°, a następnie pokrój prosto w dół. Powtórz, odwróć i wytnij dwa pozostałe boki. Wyrzuć pestkę, nasiona i łodygę, które są w jednym kawałku. Odetnij wszystkie błony i wyskrob nasiona.

2. Podsmaż czosnek na dużej patelni z olejem na średnim ogniu i naciśnij go raz lub dwa razy tylną częścią łyżki. Jak tylko lekko się zarumieni, czyli około 4 minut, wrzucić czosnek.

3. Dodaj paprykę na patelnię. Gotuj, często mieszając, aż zmięknie, około 15 minut.

4. Dodaj pomidory i wodę. Gotuj, aż sos zgęstnieje, około 15 minut dłużej.

5. Wymieszaj kapary, anchois i migdały. Spróbuj soli. Gotuj kolejne 2 minuty. Lekko ostudź przed podaniem.

Papryka z pomidorami i cebulą

peperonata

Wychodzi 4 porcje

Wydaje się, że każdy region ma swoją własną wersję peperonaty. Niektórzy dodają kapary, oliwki, zioła lub anchois. Podawać jako dodatek lub jako sos do pieczeni wieprzowej lub grillowanej ryby.

4 czerwone lub żółte papryki (lub mieszanka)

2 średnie cebule, cienko pokrojone

3 łyżki oliwy z oliwek

3 duże pomidory, obrane, pozbawione nasion i grubo posiekane

1 ząbek czosnku, posiekany

Sól

1. Połóż papryki na desce do krojenia. Trzymaj łodygę w jednej ręce i umieść krawędź dużego, ciężkiego noża szefa kuchni za krawędzią nasadki. Cięcie prosto w dół. Obróć paprykę o 90°, a następnie pokrój prosto w dół. Powtórz, odwróć i wytnij dwa pozostałe boki. Wyrzuć pestkę, nasiona i łodygę, które są w jednym kawałku. Odetnij wszystkie błony i wyskrob nasiona. Pokrój paprykę w paski 1/4 cala.

2. Podsmaż cebulę na dużej patelni na średnim ogniu w oliwie z oliwek, aż będzie miękka i złota, około 10 minut. Dodaj paski papryki i gotuj przez kolejne 10 minut.

3. Wymieszaj pomidory, czosnek i sól do smaku. Przykryj i gotuj przez 20 minut lub do momentu, aż papryka będzie miękka po przekłuciu nożem. Jeśli płynu zostało dużo, otwórz pokrywkę i gotuj, aż sos zgęstnieje i odparuje. Podawać na ciepło lub w temperaturze pokojowej.

Nadziewane papryki

Pepperoni Ripieni

Przepis na 4-8 porcji

Moja babcia zawsze robiła te papryki latem. Rano smażył je na dużej czarnej patelni, a w południe osiągnęły temperaturę odpowiednią do podania z chlebem kanapkowym.

1 1/4 szklanki zwykłej suchej bułki tartej z chleba włoskiego lub francuskiego

1/3 szklanki świeżo startego Pecorino Romano lub Parmigiano-Reggiano

1/4 szklanki posiekanej świeżej pietruszki

1 ząbek czosnku, posiekany

Sól i świeżo mielony czarny pieprz

Około 1/2 szklanki oliwy z oliwek

8 jasnozielonych długich włoskich papryczek

3 szklanki obranych, pozbawionych nasion i posiekanych świeżych pomidorów lub 1 (28 uncji) zmiażdżonych pomidorów

6 listków świeżej bazylii, porwanych na kawałki

1. Połącz bułkę tartą, ser, pietruszkę, czosnek, sól i pieprz do smaku w misce. Wymieszaj 3 łyżki oleju lub tyle, aby równomiernie zwilżyć bułkę tartą.

2. Odetnij końce papryki i usuń nasiona. Włóż mieszankę bułki tartej do papryki, pozostawiając około 1 cala wolnej przestrzeni na górze. Nie przepełniaj papryki, ponieważ nadzienie wyleje się podczas gotowania papryki.

3. Na dużej patelni rozgrzej 1/4 szklanki oleju na średnim ogniu, aż ziarna pieprzu skwierczą na patelni. Delikatnie dodaj paprykę szczypcami. Gotuj, obracając od czasu do czasu szczypcami, aż zbrązowieją ze wszystkich stron, około 20 minut.

4. Wokół papryki posyp pomidory, bazylię oraz sól i pieprz do smaku. Doprowadzić do wrzenia. Przykryj i gotuj, obracając paprykę raz lub dwa razy, aż będzie bardzo miękka, około 15 minut. Jeśli sos jest za suchy, dolej trochę wody. Odkryć i gotować, aż sos zgęstnieje, jeszcze około 5 minut. Podawać na ciepło lub w temperaturze pokojowej.

Neapolitańska papryka faszerowana

Pepperoni pod Nonną

Wychodzi 6 porcji

Jeśli Sycylijczycy mają niezliczone sposoby przyrządzania bakłażana, Neapolitańczycy mają taką samą kreatywność z papryką. To kolejny typowy neapolitański przepis, który robiła moja babcia.

2 średnie bakłażany (około 1 funta każdy)

6 dużych czerwonych, żółtych lub zielonych papryk, pokrojonych w 1/2-calowe paski

1/2 szklanki plus 3 łyżki oliwy z oliwek

3 średniej wielkości pomidory, obrane, pozbawione nasion i posiekane

3/4 szklanki wypestkowanych i posiekanych suszonych na oleju słodkich czarnych oliwek, takich jak Gaeta

6 filetów anchois, posiekanych

3 łyżki kaparów, opłukanych i odsączonych

1 duży ząbek czosnku, obrany i posiekany

3 łyżki posiekanej świeżej pietruszki

Świeżo mielony czarny pieprz

1/2 szklanki plus 1 łyżka zwykłej bułki tartej

1. Przytnij bakłażany i pokrój je w kostki o boku 3/4 cala. Umieść kawałki w durszlaku warstwami i posyp każdą warstwę solą. Umieść durszlak na talerzu i pozostaw do odciekniecia na 1 godzinę. Opłucz bakłażany i osusz je papierowym ręcznikiem.

2. Podgrzej 1/2 szklanki oleju na dużej patelni na średnim ogniu. Dodaj bakłażana i gotuj, mieszając od czasu do czasu, aż zmięknie, około 10 minut.

3. Wymieszać z pomidorami, oliwkami, anchois, kaparami, czosnkiem, pietruszką i pieprzem do smaku. Doprowadzić do wrzenia i gotować przez kolejne 5 minut. Wmieszaj 1/2 szklanki bułki tartej i zdejmij z ognia.

4. Umieść ruszt na środku piekarnika. Rozgrzej piekarnik do 450° F. Nasmaruj olejem naczynie do pieczenia wystarczająco duże, aby utrzymać papryki w pozycji pionowej.

5. Odetnij łodygi papryki i usuń nasiona i białe błony. Faszerować mieszankę bakłażanów do papryki. Umieść paprykę w

przygotowanej patelni. Posyp pozostałą łyżką bułki tartej na wierzchu i skrop pozostałymi 3 łyżkami oleju.

6. Wlej 1 szklankę wody wokół papryki. Piecz przez 1 godzinę 15 minut lub do momentu, aż papryka będzie bardzo miękka i jasnobrązowa. Podawać na ciepło lub w temperaturze pokojowej.

Faszerowane papryki w stylu Ada Boni

Peperoni Ripieni pod dyrekcją Ady Boni

Przepis na 4-8 porcji

Ada Boni była znaną włoską pisarką kulinarną i autorką wielu książek kucharskich. Jego regionalna kuchnia włoska to klasyk i jedna z pierwszych książek na ten temat przetłumaczonych na język angielski. Ten przepis jest zaadaptowany z rozdziału Sycylia.

4 średnie czerwone lub żółte papryki

1 szklanka tostowanej zwykłej bułki tartej

4 łyżki rodzynek

½ szklanki posiekanych słodkich czarnych oliwek bez pestek

6 filetów anchois, posiekanych

2 łyżki posiekanej świeżej bazylii

2 łyżki kaparów, opłukanych, odsączonych i posiekanych

¼ szklanki plus 2 łyżki oliwy z oliwek

   1 filiżanka Sycylijski sos pomidorowy

1. Umieść ruszt na środku piekarnika. Rozgrzej piekarnik do 375 ° F. Nasmaruj olejem naczynie do pieczenia o wymiarach 13 x 9 x 2 cale.

2. Pokrój papryki na pół dużym, ciężkim nożem szefa kuchni. Odetnij łodygi, nasiona i białe błony.

3. W dużej misce wymieszaj bułkę tartą, rodzynki, oliwki, anchois, bazylię, kapary i ¼ szklanki oleju. Posmakuj i dopraw do smaku. (Sól jest prawdopodobnie niepotrzebna.)

4. Wlać mieszaninę do połówek papryki. Polej sosem. Piec przez 50 minut lub do momentu, aż papryka będzie bardzo miękka po przekłuciu nożem. Podawać na ciepło lub w temperaturze pokojowej.

Smażona papryka

Placki Pepperoni

Wychodzi 6-8 porcji

Chrupiące i słodkie, trudno się oprzeć. Podawaj je z omletem lub dowolnym gotowanym mięsem.

4 duże czerwone lub żółte papryki

½ szklanki mąki uniwersalnej

Sól

1. Połóż papryki na desce do krojenia. Trzymaj łodygę w jednej ręce i umieść krawędź dużego, ciężkiego noża szefa kuchni za krawędzią nasadki. Cięcie prosto w dół. Obróć paprykę o 90°, a następnie pokrój prosto w dół. Powtórz, odwróć i wytnij dwa pozostałe boki. Wyrzuć pestkę, nasiona i łodygę, które są w jednym kawałku. Odetnij wszystkie błony i wyskrob nasiona. Pokrój paprykę w paski 1/4 cala.

2. Podgrzej około 2 cali oleju w głębokim, ciężkim rondlu, aż temperatura osiągnie 375 ° F na termometrze do głębokiego smażenia.

3. Wyłóż dno papierowymi ręcznikami. Umieść mąkę w płytkiej misce. Obtocz paski papryki w mące, strzepując nadmiar.

4. Papryki wrzucaj po kilka na rozgrzany olej. Smażyć, aż będą złote i miękkie, około 4 minut. Osączyć na ręcznikach papierowych. Resztę ugotować partiami w ten sam sposób. Posyp solą i od razu podawaj.

Smażona papryka z cukinią i miętą

Pepperoni i cukinia na patelni

Wychodzi 6 porcji

Im dłużej stoi, tym lepiej smakuje, więc przygotuj go wcześnie rano, aby podać go na późniejszy posiłek.

1 czerwona papryka

1 żółta papryka

2 łyżki oliwy z oliwek

4 małe cukinie, pokrojone w plastry o grubości 1/4 cala

Sól

2 łyżki białego octu

2 ząbki czosnku, bardzo drobno posiekane

2 łyżki posiekanej świeżej mięty

1/2 łyżeczki suszonego oregano

Szczypta mielonej czerwonej papryki

1. Połóż papryki na desce do krojenia. Trzymaj łodygę w jednej ręce i umieść krawędź dużego, ciężkiego noża szefa kuchni za krawędzią nasadki. Cięcie prosto w dół. Obróć paprykę o 90°, a następnie pokrój prosto w dół. Powtórz, odwróć i wytnij dwa pozostałe boki. Wyrzuć pestkę, nasiona i łodygę, które są w jednym kawałku. Odetnij wszystkie błony i wyskrob nasiona. Paprykę pokroić w 1-centymetrowe paski.

2. Rozgrzej olej na dużej patelni na średnim ogniu. Dodać paprykę i smażyć, mieszając, przez 10 minut.

3. Dodaj cukinię i sól do smaku. Gotuj, często mieszając, aż cukinia będzie miękka, około 15 minut.

4. Podczas gdy warzywa się gotują, połącz ocet, czosnek, zioła, paprykę i sól do smaku w średniej misce.

5. Paprykę i cukinię wymieszać. Odstaw, aż warzywa osiągną temperaturę pokojową. Posmakuj i dopraw do smaku.

Terrina z bakłażana i pieczona papryka

Sformato di pepperoni i bakłażan

Przepis na 8-12 porcji

To niezwykła i piękna terrina z warstwowej papryki, bakłażana i ziół. Sok z papryki po schłodzeniu lekko zamarza i utrzymuje razem terrine. Podawać jako przystawkę lub dodatek do grillowanych dań mięsnych.

4 dużeczerwone papryki, pieczone i łuskane

2 duże bakłażany (około 1 1/2 funta każdy)

Sól

Oliwa z oliwek

1/2 szklanki podartych listków świeżej bazylii

4 duże ząbki czosnku, obrane, pozbawione nasion i posiekane

1/4 dl octu z czerwonego wina

Świeżo mielony czarny pieprz

1. W razie potrzeby przygotuj paprykę. Pokrój bakłażany i pokrój je wzdłuż na plastry o grubości 1/4 cala. Umieść plastry w durszlaku warstwami i posyp solą na każdej warstwie. Pozostaw na co najmniej 30 minut, aby odpoczęło.

2. Rozgrzej piekarnik do 450 ° F. Nasmaruj olejem dwie duże patelnie do galaretki.

3. Opłucz plastry bakłażana w zimnej wodzie i osusz ręcznikiem papierowym. Ułóż bakłażany w jednej warstwie na małżach. Posmarować olejem. Smaż bakłażany przez około 10 minut, aż powierzchnia będzie jasnobrązowa. Obracaj kawałki szczypcami i piecz przez kolejne 10 minut lub do miękkości i lekkiego zrumienienia.

4. Odcedź papryki i pokrój je w 1-calowe paski.

5. Wyłóż bochenek o wymiarach 8 x 4 x 3 cale folią plastikową. Na dnie naczynia ułóż warstwę plastrów bakłażana, lekko nachodząc na siebie. Pieczone papryki ułożyć warstwami na bakłażanie. Posypać bazylią, czosnkiem, octem, olejem, solą i pieprzem do smaku. Kontynuuj układanie warstw, mocno dociskając każdą warstwę, aż wszystkie składniki zostaną wykorzystane. Przykryj plastikową folią i dociśnij zawartość inną blachą wypełnioną ciężkimi puszkami. Przechowywać w lodówce przez co najmniej 24 godziny lub do 3 dni.

6. Podawać, otwierając terrinę i obracając ją do podania. Ostrożnie zdejmij plastikową folię. Terrinę kroimy w grube plastry. Podawać na zimno lub w temperaturze pokojowej.

Słodko-kwaśne ziemniaki

Ziemniaki w Agrodolce

Wychodzi 6-8 porcji

To sycylijska sałatka ziemniaczana podawana w temperaturze pokojowej z grillowanymi kotletami wieprzowymi, kurczakiem lub kiełbaskami.

2 funty ziemniaków ogólnego przeznaczenia, takich jak Yukon Gold

1 cebula

2 łyżki oliwy z oliwek

1 szklanka słodkich czarnych oliwek bez pestek, takich jak Gaeta

2 łyżki kaparów

Sól i świeżo mielony czarny pieprz

2 łyżki białego octu

2 łyżki cukru

1. Ziemniaki obrać szczotką pod bieżącą zimną wodą. Obierz je ze skórki, jeśli chcesz. Pokrój ziemniaki na połówki lub ćwiartki,

jeśli są duże. Na dużej patelni podsmaż cebulę na oleju, aż będzie miękka i złota, około 10 minut.

2. Połącz ziemniaki, oliwki, kapary oraz sól i pieprz do smaku. Dodać 1 szklankę wody i doprowadzić do wrzenia. Gotuj przez 15 minut.

3. W małej misce wymieszaj ocet z cukrem i dodaj do garnka. Kontynuuj gotowanie, aż ziemniaki będą miękkie, około 5 minut. Zdjąć z ognia i całkowicie ostudzić. Podawać w temperaturze pokojowej.

Ziemniaki z octem balsamicznym

Balsamiczne Ziemniaki

Wychodzi 6 porcji

Czerwona cebula i ocet balsamiczny smakują te ziemniaki. Są również dobre w temperaturze pokojowej.

2 funty ziemniaków ogólnego przeznaczenia, takich jak Yukon Gold

2 łyżki oliwy z oliwek

1 duża czerwona cebula, posiekana

2 łyżki wody

Sól i świeżo mielony czarny pieprz

2 łyżki octu balsamicznego

1. Ziemniaki obrać szczotką pod bieżącą zimną wodą. Obierz je ze skórki, jeśli chcesz. Pokrój ziemniaki na połówki lub ćwiartki, jeśli są duże.

2. Rozgrzej olej w średnim rondlu na średnim ogniu. Dodać ziemniaki, cebulę, wodę oraz sól i pieprz do smaku. Przykryj

patelnię i zmniejsz ogień do niskiego poziomu. Piecz przez 20 minut lub do momentu, aż ziemniaki się ugotują.

3. Otwórz rondel i zamieszaj ocet. Gotuj, aż większość płynu odparuje, około 5 minut. Podawać na ciepło lub w temperaturze pokojowej.

frytki weneckie

Ziemniak po wenecku

Wychodzi 4 porcje

Chociaż do większości moich potraw używam ziemniaków Yukon Gold, dostępnych jest wiele innych dobrych odmian, zwłaszcza na targach rolniczych, które urozmaicają potrawy ziemniaczane. Żółte fińskie ziemniaki nadają się do smażenia i pieczenia, a czerwone rosyjskie świetnie nadają się do sałatek. Chociaż niebieskie ziemniaki wyglądają dziwnie, mogą być również bardzo dobre.

1 1/4 funtów ziemniaków ogólnego przeznaczenia, takich jak Yukon Gold

2 łyżki niesolonego masła

1 łyżka oliwy z oliwek

1 średnia cebula, posiekana

Sól i świeżo mielony czarny pieprz

2 łyżki posiekanej świeżej pietruszki

1. Ziemniaki obrać szczotką pod bieżącą zimną wodą. Obierz je ze skórki, jeśli chcesz. Pokrój ziemniaki na połówki lub ćwiartki, jeśli są duże. Rozpuść masło na dużej patelni z olejem na średnim ogniu. Dodaj cebulę i gotuj, aż zmięknie, około 5 minut.

2. Dodać ziemniaki oraz sól i pieprz do smaku. Przykryj garnek i gotuj, od czasu do czasu mieszając, przez około 20 minut lub do momentu, aż ziemniaki się ugotują.

3. Dodaj pietruszkę i dobrze wymieszaj. Podawać na gorąco.

Smażone ziemniaki"

Ziemniaki w soli

Wychodzi 4 porcje

Kiedy zamawiasz frytki we włoskiej restauracji, to właśnie dostajesz. Ziemniaki stają się lekko chrupiące na powierzchni i miękkie i kremowe w środku. Nazywa się je „rzucanymi" ziemniakami, ponieważ często wymagają wymieszania lub wrzucenia ich na patelnię.

1 1/4 funtów ziemniaków ogólnego przeznaczenia, takich jak Yukon Gold

1/4 szklanki oliwy z oliwek

Sól i świeżo mielony czarny pieprz

1. Ziemniaki obrać szczotką pod bieżącą zimną wodą. Obierz ziemniaki. Pokrój je na 1-calowe kawałki.

2. Wlej olej do 9-calowego naczynia. Umieść patelnię na średnim ogniu, aż olej będzie bardzo gorący, a kawałek ziemniaka skwierczy po dodaniu.

3. Ziemniaki dobrze osusz ręcznikiem papierowym. Dodaj ziemniaki do gorącego oleju i smaż przez 2 minuty. Odwróć

ziemniaki i gotuj przez kolejne 2 minuty. Kontynuuj gotowanie, obracając ziemniaki co 2 minuty lub do momentu, aż będą lekko rumiane ze wszystkich stron, łącznie około 10 minut.

4. Dodaj sól i pieprz do smaku. Przykryj garnek i gotuj, obracając od czasu do czasu, aż ziemniaki będą miękkie po przekłuciu nożem, około 5 minut. Natychmiast podawaj.

Zmiana: Ziemniaki z czosnkiem i ziołami: W kroku 4 dodaj 2 posiekane ząbki czosnku i łyżkę posiekanego świeżego rozmarynu lub szałwii.

Sos paprykowo-ziemniaczany

Ziemniaki i Pepperoni Z Padellą

Wychodzi 6 porcji

Papryka, czosnek i papryczki chilli dodają pikanterii temu smacznemu sosowi.

1 1/4 funtów ziemniaków ogólnego przeznaczenia, takich jak Yukon Gold

4 łyżki oliwy z oliwek

2 duże czerwone lub żółte papryki, pokrojone na 1-calowe kawałki

Sól

1/4 szklanki posiekanej świeżej pietruszki

2 duże ząbki czosnku

Szczypta mielonej czerwonej papryki

1. Ziemniaki obrać szczotką pod bieżącą zimną wodą. Obierz ziemniaki i pokrój je na 1 calowe kawałki.

2. Na dużej patelni rozgrzej 2 łyżki oleju na średnim ogniu. Dobrze osusz ziemniaki ręcznikiem papierowym i włóż je na patelnię.

Gotuj ziemniaki, od czasu do czasu mieszając, aż zaczną brązowieć, około 10 minut. Posypać solą. Przykryj patelnię i gotuj przez 10 minut.

3. Podczas gdy ziemniaki się gotują, podgrzej pozostałe 2 łyżki oleju na innej patelni na średnim ogniu. Dodać paprykę i sól do smaku. Gotuj, mieszając od czasu do czasu, aż papryka będzie prawie miękka, około 10 minut.

4. Wymieszaj ziemniaki, a następnie dodaj paprykę. Wymieszaj pietruszkę, czosnek i zmiażdżoną paprykę. Gotuj, aż ziemniaki będą miękkie, około 5 minut. Podawać na gorąco.

Puree ziemniaczane z pietruszką i czosnkiem

Potato Schiacciate all'Aglio e Prezzemolo

Wychodzi 4 porcje

Tłuczone ziemniaki otrzymują włoskie traktowanie z pietruszką, czosnkiem i oliwą z oliwek. Jeśli lubisz ostre ziemniaki, wymieszaj z dużą szczyptą zmiażdżonej czerwonej papryki.

11/4 funtów ziemniaków ogólnego przeznaczenia, takich jak Yukon Gold

Sól

¼ szklanki oliwy z oliwek

1 duży ząbek czosnku, posiekany

1 łyżka posiekanej świeżej pietruszki

Świeżo mielony czarny pieprz

1. Ziemniaki obrać szczotką pod bieżącą zimną wodą. Obierz ziemniaki i pokrój je w kliny. Umieść ziemniaki w średnim rondlu z zimną wodą i solą do smaku. Przykryć i doprowadzić do wrzenia. Piecz 15 minut lub do momentu, aż ziemniaki będą miękkie po przekłuciu nożem. Odcedź ziemniaki i zachowaj trochę wody.

2. Sucha patelnia, na której gotowano ziemniaki. Dodaj 2 łyżki oleju i czosnek i gotuj na średnim ogniu, aż czosnek zacznie pachnieć, około 1 minuty. Dodaj ziemniaki i pietruszkę na patelnię. Rozgnieć ziemniaki tłuczkiem do ziemniaków lub widelcem, dobrze mieszając, aby wymieszać je z czosnkiem i pietruszką. Dodaj pozostały olej i dopraw solą i pieprzem do smaku. Jeśli to konieczne, dodaj trochę wrzącej wody. Natychmiast podawaj.

Zmiana: Puree ziemniaczane z oliwkami: Tuż przed podaniem wymieszaj z 2 łyżkami pokrojonych czarnych lub zielonych oliwek.

Ziołowe Ziemniaki Z Pancettą

Patatine alle Erbe Aromatiche

Wychodzi 4 porcje

Małe młode ziemniaki są pyszne, gdy są ugotowane w ten sposób. (Młody ziemniak nie jest odmianą. Młodym ziemniakiem może być każdy świeżo zebrany ziemniak z cienką skórką.) Użyj ziemniaka ogólnego przeznaczenia, jeśli nie są dostępne nowe ziemniaki.

1 1/4 kilograma małych młodych ziemniaków

2 uncje pokrojonej w plasterki pancetty, pokrojonej w kostkę

1 średnia cebula, posiekana

2 łyżki oliwy z oliwek

1 ząbek czosnku, posiekany

6 listków świeżej bazylii, porwanych na kawałki

1 łyżeczka posiekanego świeżego rozmarynu

1 liść laurowy

Sól i świeżo mielony czarny pieprz

1. Ziemniaki obrać szczotką pod bieżącą zimną wodą. Obierz je ze skórki, jeśli chcesz. Ziemniaki pokroić na 1 calowe kawałki.

2. Połącz pancettę, cebulę i oliwę z oliwek w dużym rondlu. Gotuj na średnim ogniu, aż zmiękną, około 5 minut.

3. Dodaj ziemniaki i gotuj, mieszając od czasu do czasu, przez 10 minut.

4. Wymieszać czosnek, bazylię, rozmaryn, liść laurowy oraz sól i pieprz do smaku. Przykryj patelnię i gotuj przez kolejne 20 minut, od czasu do czasu mieszając, aż ziemniaki będą miękkie po przekłuciu widelcem. Dodaj trochę wody, jeśli ziemniaki za szybko zaczną się brązowieć.

5. Usuń liść laurowy i podawaj na gorąco.

Ziemniaki z pomidorami i cebulą

Ziemniak Pizzaiola

Wychodzi 6-8 porcji.

Pieczone ziemniaki o smaku pizzy są typowe w Neapolu i innych częściach południa.

2 funty ziemniaków ogólnego przeznaczenia, takich jak Yukon Gold

2 duże pomidory, obrane, pozbawione nasion i posiekane

2 średnie cebule, pokrojone w plasterki

1 ząbek czosnku, posiekany

½ łyżeczki suszonego oregano

¼ szklanki oliwy z oliwek

Sól i świeżo mielony czarny pieprz

1. Rozgrzej piekarnik do 450 ° F. Ziemniaki obrać szczotką pod bieżącą zimną wodą. Obierz je ze skórki, jeśli chcesz. Ziemniaki pokroić na 1 calowe kawałki. Połącz ziemniaki, pomidory, cebulę, czosnek, oregano, olej, sól i pieprz do smaku w naczyniu do pieczenia wystarczająco dużym, aby pomieścić składniki w jednej warstwie. Rozłóż składniki równomiernie na patelni.

2. Umieść ruszt na środku piekarnika. Piecz warzywa, mieszając 2 lub 3 razy, przez 1 godzinę lub do ugotowania ziemniaków. Podawać na gorąco.

Pieczone ziemniaki z czosnkiem i rozmarynem

Arrosto z ziemniaków

Wychodzi 4 porcje

Nigdy nie mam dość tych chrupiących ziemniaków. Nikt nie może się im oprzeć. Sztuczka polega na tym, aby użyć patelni wystarczająco dużej, aby kawałki ziemniaków ledwo się dotykały i nie układały się jeden na drugim. Jeśli patelnia nie jest wystarczająco duża, użyj patelni do galaretek o wymiarach 15 x 10 x 1 cal lub użyj dwóch mniejszych patelni.

2 funty ziemniaków ogólnego przeznaczenia, takich jak Yukon Gold

¼ szklanki oliwy z oliwek

1 łyżka posiekanego świeżego rozmarynu

Sól i świeżo mielony czarny pieprz

2 ząbki czosnku, posiekane

1. Umieść ruszt na środku piekarnika. Rozgrzej piekarnik do 400° F. Ziemniaki obrać szczotką pod bieżącą zimną wodą. Obierz je ze skórki, jeśli chcesz. Ziemniaki pokroić na 1 calowe kawałki. Ziemniaki osusz ręcznikiem papierowym. Umieść je na patelni

wystarczająco dużej, aby pomieścić ziemniaki w jednej warstwie. Skropić olejem i doprawić rozmarynem, solą i pieprzem do smaku. Równomiernie rozłóż ziemniaki.

2. Piecz ziemniaki, mieszając co 15 minut, przez 45 minut. Dodaj czosnek i gotuj przez kolejne 15 minut lub do momentu, aż ziemniaki będą ugotowane. Podawać na gorąco.

Pieczone Ziemniaki Z Pieczarkami

Ziemniaki i grzyby al forno

Wychodzi 6 porcji

Ziemniaki wchłaniają niektóre smaki grzybów i czosnku, gdy są smażone na tej samej patelni.

1,5 funta uniwersalnych ziemniaków, takich jak Yukon Gold

1 funt grzybów, dowolnych, przekrojonych na pół lub poćwiartowanych, jeśli są duże

¼ szklanki oliwy z oliwek

2-3 drobno pokrojone ząbki czosnku

Sól i świeżo mielony czarny pieprz

2 łyżki posiekanej świeżej pietruszki

1. Umieść ruszt na środku piekarnika. Rozgrzej piekarnik do 400 ° F. Ziemniaki obrać szczotką pod bieżącą zimną wodą. Obierz je ze skórki, jeśli chcesz. Ziemniaki pokroić na 1 calowe kawałki. Umieść ziemniaki i grzyby na dużej patelni. Wrzuć warzywa z olejem, czosnkiem i dużą szczyptą soli i pieprzu.

2. Piecz warzywa przez 15 minut. Rzuć nimi dobrze. Piecz przez kolejne 30 minut, od czasu do czasu mieszając, aż ziemniaki się ugotują. Posyp posiekaną natką pietruszki i podawaj na gorąco.

Ziemniaki i kalafior w stylu Basilicata

Ziemniaki i Cavolfiore al Forno

Rozdanie 4-6

Włóż do piekarnika zapiekankę z ziemniaków i kalafiora z pieczoną wieprzowiną lub kurczakiem na wspaniały niedzielny obiad. Warzywa powinny być chrupiące i złociste na brzegach, a ich smak podkreśla zapach oregano.

1 mały kalafior

¼ szklanki oliwy z oliwek

3 średnie uniwersalne ziemniaki, takie jak Yukon Gold, pokrojone w ćwiartki

½ łyżeczki łyżeczka suszonego oregano, rozgniecionego

Sól i świeżo mielony czarny pieprz

1. Pokrój kalafiora na 2-calowe różyczki. Odetnij końce łodyg. Pokrój grube łodygi w poprzek na plastry o grubości 1/4 cala.

2. Umieść ruszt na środku piekarnika. Rozgrzej piekarnik do 400 ° F. Wlej olej do naczynia do pieczenia o wymiarach 13 x 9 x 2

cale. Dodać warzywa i dobrze wymieszać. Posypać oregano oraz solą i pieprzem do smaku. Rzuć ponownie.

3. Piecz przez 45 minut lub do momentu, aż warzywa będą miękkie i złociste. Podawać na gorąco.

Ziemniaki i kapusta na patelni

Ziemniaki i Cavolo w Tegame

Przepis na 4-6 porcji

W całych Włoszech istnieją wersje tego dania. Na patelnię z cebulą dodaje się wędzoną pancettę Friuli. Podoba mi się ta prosta wersja Basilicaty. Różowy kolor cebuli uzupełnia kremowobiałe ziemniaki i zielona kapusta. Ziemniaki stają się tak miękkie, że po ugotowaniu wyglądają jak puree ziemniaczane.

3 łyżki oliwy z oliwek

1 średnia czerwona cebula, posiekana

½ średniej kapusty, cienko pokrojonej (około 4 filiżanek)

3 średnie uniwersalne ziemniaki, takie jak Yukon Gold, obrane i pokrojone na małe kawałki

½ szklanki wody

Sól i świeżo mielony czarny pieprz

1. Wlej olej do dużego garnka. Dodaj cebulę i gotuj na średnim ogniu, często mieszając, aż zmięknie, około 5 minut.

2. Połącz kapustę, ziemniaki, wodę oraz sól i pieprz do smaku. Przykryj i gotuj, mieszając od czasu do czasu, przez 30 minut lub do momentu, aż warzywa będą miękkie. Dodaj trochę wody, jeśli warzywa zaczną się kleić. Podawać na gorąco.

Ciasto ziemniaczano-szpinakowe

Torta di Patate i szpinak

Wychodzi 8 porcji

Kiedy miałem ten warstwowy okręt flagowy w Rzymie, był on zrobiony z cykorii zamiast szpinaku. Cykoria rzymska wyglądem przypomina młody mniszek lekarski lub dojrzałą rukolę. Szpinak to dobra alternatywa dla cykorii. Aby uzyskać najlepszy smak, pozwól temu daniu nieco ostygnąć przed podaniem.

2 funty ziemniaków ogólnego przeznaczenia, takich jak Yukon Gold

Sól

4 łyżki niesolonego masła

1 mała cebula, bardzo drobno posiekana

1 1/2 funta posiekanego szpinaku, cykorii, mniszka lekarskiego lub boćwiny

1/2 szklanki wody

1/2 szklanki gorącego mleka

1 szklanka świeżo startego Parmigiano-Reggiano

Świeżo mielony czarny pieprz

1 łyżka zwykłej bułki tartej

1. Ziemniaki obrać szczotką pod bieżącą zimną wodą. Obierz ziemniaki i umieść je w średnim garnku z zimną wodą, aby je przykryła. Dodaj sól i przykryj garnek. Doprowadzić do wrzenia i gotować przez około 20 minut lub do momentu, aż ziemniaki będą ugotowane.

2. W małym rondlu rozpuść 2 łyżki masła na średnim ogniu. Dodaj cebulę i smaż, często mieszając, aż cebula będzie miękka i złota.

3. Umieść szpinak w dużym rondlu z 1/2 szklanki wody i solą do smaku. Przykryj i gotuj, aż się ugotuje, około 5 minut. Dobrze odcedź i wyciśnij nadmiar płynu. Szpinak posiekać na desce.

4. Dodaj szpinak na patelnię i wymieszaj z cebulą.

5. Gdy ziemniaki się ugotują, odcedź je i zmiksuj na gładką masę. Wmieszaj pozostałe 2 łyżki masła i mleka. Dodaj 3/4 szklanki sera i dobrze wymieszaj. Doprawić do smaku solą i pieprzem.

6. Umieść ruszt na środku piekarnika. Rozgrzej piekarnik do 375 ° F.

7. Obficie masłem 9-calowe naczynie do pieczenia. Rozłóż połowę ziemniaków w naczyniu. Zrób drugą warstwę całego szpinaku. Udekoruj pozostałymi ziemniakami. Posyp pozostałe 1/4 szklanki sera i bułki tartej na wierzchu.

8. Piec przez 45 do 50 minut lub do momentu, aż powierzchnia będzie złocistobrązowa. Odstaw na 15 minut przed podaniem.

Neapolitańskie krokiety ziemniaczane

Panzerotti czy Hook

Daje około 24

W Neapolu pizzerie ustawiły kioski na chodnikach, aby sprzedawać te pyszne tłuczone ziemniaki w chrupiącej panierce, dzięki czemu przechodnie mogą je łatwo zjeść na lunch lub przekąskę. Jednak jest to przepis mojej babci. Krokiety ziemniaczane jadaliśmy na przyjęciach i uroczystościach przez cały rok, zwykle jako dodatek do rostbefu.

2,5 funta ziemniaków ogólnego przeznaczenia, takich jak Yukon Gold

3 duże jajka

1 szklanka świeżo startego Pecorino Romano lub Parmigiano-Reggiano

2 łyżki posiekanej świeżej pietruszki

¼ szklanki drobno posiekanego salami (około 2 uncji)

Sól i świeżo mielony czarny pieprz

2 szklanki zwykłej suchej bułki tartej

Olej roślinny do smażenia

1. Ziemniaki obrać szczotką pod bieżącą zimną wodą. Umieść ziemniaki w dużym garnku z zimną wodą, aby je przykryć. Przykryj garnek i zagotuj wodę. Gotuj na średnim ogniu, aż ziemniaki będą miękkie po przekłuciu widelcem, około 20 minut. Odcedź ziemniaki i pozwól im lekko ostygnąć. Obierz ziemniaki. Włóż je do dużej miski i rozgnieć młynkiem lub widelcem na gładką masę.

2. Oddziel jajka, umieść żółtka w małej misce i zachowaj białka w płaskim naczyniu. Rozłóż bułkę tartą na woskowanym papierze.

3. Wymieszaj żółtka, ser, pietruszkę i salami z puree ziemniaczanym. Dodaj sól i pieprz do smaku.

4. Używając około 1/4 szklanki mieszanki ziemniaczanej, uformuj kiełbasę o szerokości około 1 cala i długości 2 1/2 cala. Powtórz z pozostałymi ziemniakami.

5. Białka ubić trzepaczką lub widelcem, aż się spienią. Zanurz paluszki ziemniaczane w białkach jajek i obtocz w bułce tartej, tak aby były całkowicie obtoczone. Umieść drzewa na stojaku i pozostaw do wyschnięcia na 15 do 30 minut.

6. Wlej około 1/2 cala oleju na dużą patelnię z grubym dnem. Podgrzewaj na średnim ogniu, aż trochę białka jaja zacznie bulgotać i kapać na olej. Ostrożnie umieść kilka kłód na patelni,

pozostawiając między nimi niewielką przestrzeń. Smażyć, obracając od czasu do czasu szczypcami, aż do równomiernego zrumienienia, około 10 minut. Złociste krokiety przekładamy na ręcznik papierowy do odsączenia.

7. Podawaj od razu lub trzymaj krokiety w cieple na małym ogniu, podczas gdy resztę gotujesz.

Neapolitański placek ziemniaczany taty

gatto'

Wychodzi 6-8 porcji

Gatto" pochodzi od francuskiego słowa gateau, co oznacza „ciasto". To pochodzenie nasuwa mi myśl, że ten przepis spopularyzowali wykształceni we Francji Monzus, szefowie kuchni, którzy gotowali dla arystokratów na dworze Neapolu.

W domu nazywaliśmy to plackiem ziemniaczanym i jeśli nie mieliśmy krokietów ziemniaczanych na niedzielny obiad, to jedliśmy to danie ziemniaczane, które było specjalnością mojego taty.

2,5 funta ziemniaków ogólnego przeznaczenia, takich jak Yukon Gold

Sól

¼ szklanki zwykłej suchej bułki tartej

4 łyżki (1/2 kostki) niesolonego masła, zmiękczonego

1 szklanka gorącego mleka

1 szklanka plus 2 łyżki świeżo startego Parmigiano-Reggiano

1 duże jajko, ubite

¼ łyżeczki świeżo startej gałki muszkatołowej

Sól i świeżo mielony czarny pieprz

8 uncji świeżej mozzarelli, posiekanej

4 uncje importowanego włoskiego salami lub prosciutto, posiekane

1. Ziemniaki obrać szczotką pod bieżącą zimną wodą. Umieść ziemniaki w dużym garnku z zimną wodą, aby je przykryć. Dodaj sól do smaku. Przykryj garnek i zagotuj wodę. Gotuj na średnim ogniu, aż ziemniaki będą miękkie po przekłuciu widelcem, około 20 minut. Odcedzić i lekko ostudzić.

2. Umieść ruszt na środku piekarnika. Rozgrzej piekarnik do 400 ° F. Natłuść 2-litrowe naczynie do pieczenia. Posyp bułką tartą na wierzchu.

3. Ziemniaki obrać, włożyć do dużej miski i rozgnieść tłuczkiem do ziemniaków lub widelcem na gładką masę. Wymieszaj 3 łyżki masła, mleko, 1 szklankę parmezanu, jajko, gałkę muszkatołową oraz sól i pieprz do smaku. Wymieszaj z mozzarellą i salami.

4. Rozłóż mieszaninę równomiernie w przygotowanym naczyniu. Po wierzchu posyp resztą Parmigiano. Posmarować pozostałą łyżką masła.

5. Piec przez 35 do 45 minut lub do momentu, gdy powierzchnia będzie brązowa. Przed podaniem odstaw na chwilę w temperaturze pokojowej.

Pomidory Z Patelni

Pomodori w Padelli

Wychodzi 6-8 porcji

Podawać jako dodatek do grillowanego lub pieczonego mięsa lub puree z wiejskiego chleba w temperaturze pokojowej jako przystawkę.

8 pomidorów śliwkowych

¼ szklanki oliwy z oliwek

2 ząbki czosnku, posiekane

2 łyżki posiekanej świeżej bazylii

Sól i świeżo mielony czarny pieprz

1. Opłucz pomidory i osusz je. Użyj małego noża, aby naciąć łodygę każdego pomidora i usunąć go. Pomidory przekrój wzdłuż na pół.

2. Na dużej patelni rozgrzej olej z czosnkiem i bazylią na średnim ogniu. Dodać połówki pomidorów, przekrojoną stroną do dołu. Posyp solą i pieprzem na wierzchu. Gotuj, aż pomidory będą

brązowe i miękkie, około 10 minut. Podawać na ciepło lub w temperaturze pokojowej.

Pomidory na parze

Pomodoro na parze

Wychodzi 4 porcje

Tutaj małe słodkie pomidory są gotowane w soku. Podawać jako dodatek do mięs lub ryb lub ułożyć na frittacie. Jeśli pomidory nie są wystarczająco słodkie, dodaj szczyptę cukru podczas gotowania.

1 litr pomidorów koktajlowych lub winogronowych

2 łyżki oliwy z oliwek extra vergine

Sól

6 listków bazylii, ułożonych w stos i pokrojonych w cienkie paski

1. Opłucz pomidory i osusz je. Przetnij je na pół na końcu łodygi. Połącz pomidory, olej i sól w małym rondlu. Przykryj patelnię i postaw na małym ogniu. Gotuj przez 10 minut lub do momentu, aż pomidory zmiękną, ale zachowają swój kształt.

2. Dodaj bazylię. Podawać na ciepło lub w temperaturze pokojowej.

Smażone pomidory

Pomodoro al Forno

Wychodzi 8 porcji

Bułka tarta przyprawia te pomidory. Dobrze komponują się z pieczoną rybą i większością dań z jajek.

8 pomidorów śliwkowych

1 szklanka bułki tartej

4 filety anchois, posiekane

2 łyżki kaparów, opłukanych i odsączonych

½ szklanki świeżo startego Pecorino Romano

½ łyżeczki suszonego oregano

3 łyżki oliwy z oliwek

Sól i świeżo mielony czarny pieprz

1. Opłucz i wysusz pomidory. Pomidory przekrój wzdłuż na pół. Za pomocą małej łyżeczki zeskrob nasiona na drobne sito umieszczone nad miską, aby zebrać sok. Podsmaż bułkę tartą na

dużej patelni na średnim ogniu, często mieszając, aż będzie aromatyczna, a nie zrumieniona, około 5 minut. Zdjąć z ognia i lekko ostudzić.

2. Umieść ruszt na środku piekarnika. Rozgrzej piekarnik do 400 ° F. Natłuść duże naczynie do pieczenia. Połóż skórki pomidorów przecięciem do góry na blasze do pieczenia.

3. Dodaj do miski z sokiem pomidorowym, bułką tartą, anchois, kaparami, serem, oregano, solą i pieprzem. Wymieszaj 2 łyżki oliwy z oliwek. Tak przygotowaną mieszanką nałóż skórki pomidorów. Skrop pozostałą łyżką oleju.

4. Piec przez 40 minut lub do momentu, aż pomidory będą miękkie, a bułka tarta złocista. Podawać na gorąco.

Faszerowane Pomidory Farro

Pomodori Ripieni

Wychodzi 4 porcje

Farro, starożytne zboże popularne we Włoszech, doskonale nadaje się do pomidorów zmieszanych z serem i cebulą. Miałem coś takiego w L'Angolo Divino, winiarni w Rzymie.

1 dl półhelminizowanego farro (lub zamiennik jagód pszenicy lub kaszy bulgur)

Sól

4 duże okrągłe pomidory

1 mała cebula, posiekana

2 łyżki oliwy z oliwek

¼ szklanki startego Pecorino Romano lub Parmigiano-Reggiano

Świeżo mielony czarny pieprz

1. W średnim rondlu zagotuj 4 szklanki wody. Dodaj farro i sól do smaku. Piecz, aż farro będzie miękkie, ale wciąż ciągnące się, około 30 minut. Odcedź farro i przełóż do miski.

2. Podsmaż cebulę w małym rondlu na oleju na średnim ogniu, aż będzie złota, około 10 minut.

3. Umieść ruszt na środku piekarnika. Rozgrzej piekarnik do 350 ° F. Natłuść małe naczynie do pieczenia, wystarczająco duże, aby pomieścić pomidory.

4. Opłucz i wysusz pomidory. Odetnij plasterek o grubości 1/2 cala z wierzchu każdego pomidora i odłóż na bok. Opróżnij wnętrze pomidorów łyżeczką i umieść miąższ w drobnej siatce umieszczonej nad miską. Umieść skórki pomidorów w naczyniu do pieczenia.

5. Dodaj odsączony sok pomidorowy, smażoną cebulę, ser, sól i pieprz do smaku do miski farro. Wlej mieszaninę do skórek pomidorów. Przykryj pomidory zarezerwowanymi wierzchołkami.

6. Piecz przez 20 minut lub do momentu, aż pomidory będą miękkie. Podawać na ciepło lub w temperaturze pokojowej.

Pomidory faszerowane po rzymsku

Pomodori Ripieni alla Romana

Wychodzi 6 porcji

Jest to klasyczne rzymskie danie, które zwykle jest spożywane w temperaturze pokojowej jako przystawka.

¾ szklanki ryżu średnioziarnistego, takiego jak Arborio, Carnaroli lub Vialone Nano

Sól

6 dużych okrągłych pomidorów

4 łyżki oliwy z oliwek

3 filety anchois, posiekane

1 mały ząbek czosnku, posiekany

¼ szklanki posiekanej świeżej bazylii

¼ szklanki świeżo startego Parmigiano-Reggiano

1. Doprowadzić 1 litr wody do wrzenia na dużym ogniu. Dodaj ryż i 1 łyżeczkę soli. Zmniejsz ogień i gotuj na wolnym ogniu przez 10

minut lub do momentu, aż ryż będzie częściowo ugotowany, ale nadal bardzo twardy. Dobrze odcedź. Włóż ryż do dużej miski.

2. Umieść ruszt na środku piekarnika. Rozgrzej piekarnik do 350 ° F. Nasmaruj olejem naczynie do pieczenia wystarczająco duże, aby pomieścić pomidory.

3. Odetnij 1/2-calowy plasterek z wierzchu pomidorów i odłóż na bok. Opróżnij wnętrze pomidorów łyżeczką i umieść miąższ w drobnej siatce umieszczonej nad miską. Połóż skórki pomidorów na patelni.

4. Do miski z ryżem dodaj płyn i olej z odsączonych pomidorów, anchois, czosnek, bazylię, ser i sól do smaku. Dobrze wymieszaj. Wlej mieszaninę do skórek pomidorów. Przykryj pomidory zarezerwowanymi wierzchołkami.

5. Piecz przez 20 minut lub do momentu, aż ryż się ugotuje. Podawać na ciepło lub w temperaturze pokojowej.

Pieczone pomidory z octem balsamicznym

Balsamiczne Pomodori

Wychodzi 6 porcji

Ocet balsamiczny w niemal magiczny sposób poprawia smak warzyw. Wypróbuj to proste danie i podawaj jako przystawkę lub do mięsa.

8 pomidorów śliwkowych

2 łyżki oliwy z oliwek

1 łyżka octu balsamicznego

Sól i świeżo mielony czarny pieprz

1. Umieść ruszt na środku piekarnika. Rozgrzej piekarnik do 375 ° F. Nasmaruj olejem naczynie do pieczenia wystarczająco duże, aby pomieścić pomidory w jednej warstwie.

2. Opłucz pomidory i osusz je. Pomidory przekrój wzdłuż na pół. Zbierz nasiona pomidora. Umieść połówki pomidorów na patelni, przecięciem do góry. Skropić oliwą i octem oraz posypać solą i pieprzem.

3. Piecz pomidory przez 45 minut lub do miękkości. Podawać w temperaturze pokojowej.

KURSY KURSYCZNE I ZIMOWE

Praktycznie wszystkie części cukinii są jadalne. Sycylijczycy przygotowują zupę z zielonych liści i winorośli zwaną tenerumi. Cukinię i inne duże kwiaty dyni faszeruje się mięsem lub serem i smaży lub dusi. Sama cukinia jest wykorzystywana w niezliczonych przetworach.

Czasami na targu u mojego rolnika znajduję jasnozieloną dynię romanesco. Są smaczniejsze niż znana ciemnozielona odmiana i mniej wodniste. Najważniejszą rzeczą w przypadku cukinii jest wybieranie najmniejszych, jakie możesz znaleźć. Mają mniej i delikatniejsze nasiona i więcej smaku. Wielu ogrodników gigantycznej cukinii zawsze próbuje drażnić niczego niepodejrzewających przyjaciół, którzy są wodniści i całkowicie nieprzydatni.

Zimowy squash jest sprzedawany na kawałki we Włoszech. Stosowane tam odmiany są często bardzo duże, ale pod względem tekstury przypominają twarde dynie występujące w Stanach Zjednoczonych. Opieram się głównie na dyni piżmowej, która jest słodka i maślana, chociaż można również użyć żołędzi, hubbardu lub dyni.

Carpaccio Z Cukinii

Carpaccio z Giallo i Verde

Wychodzi 4 porcje

Po raz pierwszy miałem prostszą wersję tej orzeźwiającej sałatki u znajomych winiarzy w Toskanii. Przez lata dekorowałam go żółtą i zieloną cukinią oraz dodawałam świeżą miętę.

2 lub 3 małe cukinie, najlepiej mieszanka żółtej i zielonej

3 łyżki świeżego soku z cytryny

⅓ szklanki oliwy z oliwek extra virgin

Sól i świeżo mielony czarny pieprz

2 łyżki drobno posiekanej świeżej mięty

Około 2 uncji Parmigiano-Reggiano, 1 sztuka

1. Posmaruj cukinię pod bieżącą zimną wodą. Odetnij końce.

2. Pokrój cukinię w robocie kuchennym lub na mandolinie na bardzo cienkie plasterki. Umieść plastry w średniej misce.

3. W małej misce wymieszaj sok z cytryny, oliwę z oliwek, sól i pieprz do smaku, aż się połączą. Wmieszaj miętę. Posyp cukinię i dobrze wymieszaj. Rozłóż plastry na głębokim talerzu.

4. Parmezan pokroić w cienkie plasterki za pomocą obieraczki do warzyw. Rozłóż plastry na cukinii. Natychmiast podawaj.

Cukinia z czosnkiem i miętą

Cukinia i Scapece

Wychodzi 8 porcji

Cukinię lub inną dynię, bakłażan i marchewkę można przygotować w stylu „Apicjusza", wczesnego Rzymianina, który pisał o jedzeniu. Warzywa są smażone, przyprawiane, a następnie schładzane. Pamiętaj, aby zrobić to co najmniej 24 godziny przed podaniem, aby uzyskać najlepszy smak.

2 kg małej cukinii

Olej roślinny do smażenia

3 łyżki octu z czerwonego wina

2 duże ząbki czosnku, posiekane

¼ szklanki posiekanej świeżej mięty lub bazylii

Sól i świeżo mielony czarny pieprz

1. Posmaruj cukinię pod bieżącą zimną wodą. Odetnij końce. Cukinię pokroić w plastry 1/4 cala.

2. Wlej 1 cal oleju do głębokiej, ciężkiej patelni lub szerokiego rondla. Rozgrzej olej na średnim ogniu, aż do oleju wpadnie mały kawałek warzywa.

3. Plasterki cukinii osusz ręcznikiem papierowym. Delikatnie wsuń około jednej czwartej cukinii do gorącego oleju. Piec, aż lekko zbrązowieją wokół krawędzi, około 3 minut. Za pomocą łyżki cedzakowej przenieś cukinię na ręcznik papierowy, aby odsączyć. Resztę ugotować w ten sam sposób.

4. Umieść cukinię na talerzu i każdą warstwę posyp odrobiną octu, czosnku, mięty oraz soli i pieprzu do smaku. Przykryj i wstaw do lodówki na co najmniej 24 godziny przed podaniem.

smażona cukinia

Cukinie w Padelli

Wychodzi 6 porcji

To szybki sposób na przygotowanie smacznej przystawki z cukinii, cebuli i pietruszki.

1 kilogram małej cukinii

2 łyżki niesolonego masła

1 mała cebula, bardzo drobno posiekana

Sól i świeżo mielony czarny pieprz

3 łyżki posiekanej natki pietruszki

1. Posmaruj cukinię pod bieżącą zimną wodą. Odetnij końce. Pokroić na 1/8-calowe plastry.

2. Rozpuść masło na średniej patelni na małym ogniu. Dodaj cebulę i gotuj, aż zmięknie, około 5 minut.

3. Dodaj cukinię i wymieszaj z masłem. Przykryj i gotuj przez 5 minut lub do momentu, aż cukinia będzie miękka po przekłuciu widelcem.

4. Dodaj sól i pieprz do smaku oraz natkę pietruszki i dobrze wymieszaj. Natychmiast podawaj.

Cukinia Z Prosciutto

Cukinia Z Prosciutto

Wychodzi 4 porcje

Te cukinie są idealne jako dodatek do kurczaka, ale także jako sos do gorącego gotowanego penne lub innego makaronu.

1 1/2 kilograma małej cukinii

1 średnia cebula, posiekana

2 łyżki oliwy z oliwek

1 ząbek czosnku, posiekany

1/2 łyżeczki suszonego majeranku lub tymianku

Sól i świeżo mielony czarny pieprz

3 cienkie plastry włoskiego prosciutto z importu, pokrojone w poprzek na cienkie paski

1. Posmaruj cukinię pod bieżącą zimną wodą. Odetnij końce. Cukinię pokroić w plastry o grubości 1/8 cala.

2. Podsmaż cebulę na dużej patelni na oleju na średnim ogniu. Gotuj, mieszając, aż cebula będzie miękka i złota, około 10 minut. Dodać czosnek i majeranek i smażyć jeszcze minutę.

3. Wrzucić plastry cukinii i doprawić solą i pieprzem do smaku. Gotować przez 5 minut.

4. Dodaj prosciutto i gotuj, aż cukinia będzie miękka, jeszcze około 2 minuty. Podawać na gorąco.

Cukinie z panierką parmeńską

Cukinie pod Parmigianą

Wychodzi 4 porcje

Maślana i serowa bułka tarta smakuje jak ta zapiekanka z cukinii.

1 kilogram małej cukinii

2 łyżki niesolonego masła, stopionego i ostudzonego

2 łyżki bułki tartej, najlepiej domowej roboty

¼ szklanki startego Parmigiano-Reggiano

Sól i świeżo mielony pieprz

1. Posmaruj cukinię pod bieżącą zimną wodą. Odetnij końce.

2. Umieść ruszt na środku piekarnika. Rozgrzej piekarnik do 425 ° F. Natłuść naczynie do pieczenia o wymiarach 13 x 9 x 2 cale.

3. Rozłóż plastry cukinii w naczyniu do pieczenia, lekko nachodząc na siebie. W średniej misce połącz masło, bułkę tartą, ser oraz sól i pieprz do smaku. Mieszanką bułki tartej posypać cukinię.

4. Piecz przez 30 minut lub do momentu, aż okruchy będą złociste, a cukinia miękka. Podawać na gorąco.

Zapiekanka z Cukinii

Zapiekanka z Cukinii

Przepis na 4-6 porcji

Kiedy myślę o tej zapiekance, wyobrażam sobie, że serwuję ją jako część letniego piknikowego bufetu z grillowanym mięsem lub rybą i kilkoma sałatkami. Jest dobry na ciepło lub na zimno.

2 średnie żółte cebule, posiekane

2 ząbki czosnku, posiekane

4 łyżki oliwy z oliwek

Sól i świeżo mielony czarny pieprz

1 łyżka posiekanego świeżego tymianku, bazylii lub oregano

4 małe cukinie, pokrojone w plastry 1/8 cala

3 średnie okrągłe pomidory, cienko pokrojone

1/2 szklanki startego Parmigiano-Reggiano

1. Podsmaż cebulę i czosnek na średniej patelni w 2 łyżkach oliwy z oliwek na średnim ogniu, aż będą złote, około 10 minut. Doprawiamy solą i pieprzem do smaku.

2. Umieść ruszt na środku piekarnika. Rozgrzej piekarnik do 375 ° F. Nasmaruj olejem naczynie do pieczenia o wymiarach 13 x 9 x 2 cale.

3. Rozłóż mieszankę cebuli równomiernie w naczyniu do pieczenia. Cebulę posypać jedną trzecią tymianku. Ułóż cukinię i pomidory na cebuli. Posyp pozostałym tymiankiem i dopraw solą i pieprzem do smaku. Skrop pozostałą oliwą z oliwek.

4. Piec przez 40 do 45 minut lub do momentu, aż warzywa będą miękkie, a soki zaczną bulgotać. Posyp serem i gotuj, aż lekko się rozpuści, jeszcze około 5 minut. Odstaw na 10 minut przed podaniem.

Cukinia z pomidorami i anchois

Cukinia al Forno

Wychodzi 4 porcje

Ta zapiekanka w południowym stylu jest doprawiona anchois i czosnkiem.

1 kilogram małej cukinii

4 śliwkowe pomidory, cienko pokrojone

¼ szklanki zwykłej suchej bułki tartej

3 filety anchois, posiekane

2 łyżki oliwy z oliwek

1 mały ząbek czosnku, posiekany

Sól i świeżo mielony czarny pieprz

1. Posmaruj cukinię pod bieżącą zimną wodą. Odetnij końce. Pokroić na 1/8-calowe plastry.

2. Umieść ruszt na środku piekarnika. Rozgrzej piekarnik do 375 ° F. Nasmaruj olejem naczynie do pieczenia o wymiarach 13 x 9 x 2 cale. Umieść cukinię i pomidory jeden na drugim na patelni.

3. W średniej wielkości misce wymieszaj bułkę tartą, anchois, olej, czosnek, sól i pieprz do smaku. Rozłóż mieszankę na warzywach.

4. Piecz przez 30 minut lub do momentu, aż warzywa będą miękkie. Odstaw na 10 minut przed podaniem.

Gulasz z cukinii

Ciambotta z Cukinii

Przepis na 4-6 porcji

Oto kolejny członek rodziny gulaszu warzywnego ciambotta z południowych Włoch, którą moja mama robiła w kółko latem, kiedy dorastałem. Chociaż nie lubiłem tego, kiedy byłem dzieckiem, ponieważ tak często to robiliśmy, lubię to - czasami - teraz.

3 małe lub średnie cukinie

2 średnie cebule, posiekane

3 łyżki oliwy z oliwek

1 ząbek czosnku, bardzo drobno posiekany

4 śliwkowe pomidory, pokrojone na małe kawałki

2 średniej wielkości ziemniaki, obrane i pokrojone na małe kawałki

Sól i świeżo mielony czarny pieprz

2 łyżki posiekanej świeżej bazylii

1. Posmaruj cukinię pod bieżącą zimną wodą. Odetnij końce. Cukinię pokroić na kawałki wielkości kęsa.

2. W dużym rondlu podsmaż cebulę na oleju na średnim ogniu, aż zmięknie, około 5 minut. Wymieszaj z czosnkiem i gotuj przez kolejną minutę.

3. Dodaj pomidory, cukinię, ziemniaki oraz sól i pieprz do smaku. Przykryj i gotuj, od czasu do czasu mieszając, przez 30 minut lub do momentu, aż ziemniaki będą bardzo miękkie. Dodaj trochę wody, jeśli mieszanina wydaje się sucha.

4. Gdy ciambotta będzie gotowa, zdejmij ją z ognia i wymieszaj z bazylią. Podawać na ciepło lub w temperaturze pokojowej.

Cukinia faszerowana tuńczykiem

Cukinia Z Tonno

Wychodzi 6 porcji

Zjadłam je jako przystawkę w wiejskiej restauracji w Toskanii. Często podaję je jako danie główne z zieloną sałatą.

2 kromki jednodniowego chleba włoskiego lub francuskiego, bez skórki (około 1/3 szklanki chleba)

1/2 szklanki mleka

6 małych cukinii, posiekanych

1 puszka (6 1/2 uncji) tuńczyka zawiniętego w oliwę z oliwek

1/4 szklanki świeżo startego Parmigiano-Reggiano plus 2 łyżki.

1 ząbek czosnku, posiekany

2 łyżki posiekanej świeżej pietruszki

Świeżo starta gałka muszkatołowa

Sól i świeżo mielony czarny pieprz

1 duże jajko, lekko ubite

1. Umieść ruszt na środku piekarnika. Rozgrzej piekarnik do 425 ° F. Nasmaruj olejem naczynie do pieczenia na tyle duże, aby połówki cukinii zmieściły się w jednej warstwie.

2. Chleb posmarować mlekiem i pozostawić do namoczenia, aż zmięknie. Posmaruj cukinię pod bieżącą zimną wodą. Odetnij końce.

3. Cukinię przekroić wzdłuż na pół. Wydrąż miąższ małą łyżeczką, pozostawiając 1/4 cala skóry i odłóż miąższ na bok. Ułóż skórki cukinii, przecięciem do góry, na przygotowanej patelni. Pokrój cukinię i włóż do miski.

4. Odcedź tuńczyka i zachowaj olej. Rozgnieć tuńczyka w dużej misce. Wyciśnij chleb i dodaj tuńczyka, posiekaną cukinię, ¼ szklanki sera, czosnek, pietruszkę, gałkę muszkatołową oraz sól i pieprz do smaku. Dobrze wymieszaj. Wprowadź jajko.

5. Wlać mieszaninę do skórek cukinii. Ułóż cukinię w naczyniu do zapiekania. Posyp trochę zarezerwowanego oleju z tuńczyka na wierzchu. Na wierzch posypać resztą serów. Wokół cukinii zalej 1/2 szklanki wody.

6. Piec przez 30 do 40 minut lub do momentu, aż cukinia będzie złocistobrązowa i miękka po przekłuciu nożem. Podawać na ciepło lub w temperaturze pokojowej.

smażona cukinia

Frytki z cukinii

Wychodzi 6 porcji

Piwo nadaje ciastu dobry smak i kolor, a bąbelki sprawiają, że jest lekkie. Ciasto nadaje się również do smażenia ryb, krążków cebulowych i innych warzyw.

6 małych cukinii

1 Mąkę o wszechstronnym przeznaczeniu

2 duże jajka

¼ szklanki piwa

Olej roślinny do smażenia

Sól

1. Posmaruj cukinię pod bieżącą zimną wodą. Odetnij końce. Pokrój cukinię na paski 2 1/4 x 1/4 cala.

2. Rozsiej mąkę na woskowanym papierze. Ubij jajka w średniej misce, aż się spienią. Ubij piwo, aż dobrze się wymiesza.

3. Wlej około 2 cali oleju do ciężkiego rondla lub frytownicy zgodnie z instrukcjami producenta. Podgrzej olej na średnim ogniu, aż kropla mieszanki jajecznej skwierczy po dodaniu na patelnię, a temperatura osiągnie 370 ° F na termometrze spożywczym.

4. Zanurz około jednej czwartej pasków cukinii w mące, a następnie zanurz je w mieszance jaj.

5. Chwyć cukinię szczypcami, pozwól spłynąć nadmiarowi ciasta i wrzucaj po jednym kawałku cukinii do oleju. Dodaj jak najwięcej bez przepełnienia. Smaż cukinię, aż będzie chrupiąca i złota, około 2 minut. Wyjmij cukinię łyżką cedzakową. Osączyć na ręcznikach papierowych. Utrzymuj ciepło w piekarniku na małym ogniu podczas gotowania reszty.

6. Posyp solą na wierzchu i podawaj na gorąco.

Kawałki cukinii

Formuła cukinii

Wychodzi 6 porcji

Do wykonania tych delikatnych butelek będziesz potrzebować sześciu kokilek lub żaroodpornych kubków. Podawać jako dodatek do pieczeni lub szynki na wiosenny brunch. Zwykle pozwalam im usiąść na minutę lub dwie, a następnie rozpakowuję je, ale jeśli podasz je prosto z piekarnika, gdy są jeszcze dmuchane, będą świetnym starterem do sufletów. Pospiesz się; szybko toną.

Cukinię możesz zastąpić brokułami, szparagami, marchewką lub innymi warzywami.

1 łyżka niesolonego masła, stopionego

3 średnie cukinie, pokrojone w grube plastry

4 duże jajka, oddzielone

1/2 szklanki startego Parmigiano-Reggiano

Szczypta soli

Szczypta mielonej gałki muszkatołowej

1. Posmaruj cukinię pod bieżącą zimną wodą. Odetnij końce.

2. Umieść ruszt na środku piekarnika. Rozgrzej piekarnik do 350 ° F. Obficie posmaruj sześć 4-uncjowych kokilek lub żaroodpornych kubków z kremem roztopionym masłem.

3. Doprowadź duży garnek wody do wrzenia. Dodać cukinię i zagotować. Gotuj przez 1 minutę. Cukinię dobrze odsączyć. Kawałki osusz papierowym ręcznikiem. Zmiel cukinie lub zmiksuj je blenderem na gładką masę. Przełóż puree z cukinii do dużej miski.

4. Dodaj żółtka, parmezan, sól i gałkę muszkatołową do cukinii i dobrze wymieszaj.

5. Ubij białka jaj w dużej misce mikserem elektrycznym, aż będą miękkie, gdy mikser jest podniesiony. Za pomocą gumowej szpatułki delikatnie wymieszaj białka jajek z mieszanką cukinii.

6. Wlej mieszaninę do filiżanek. Piecz przez 15 do 20 minut lub do momentu, aż wierzch lekko się zarumieni, a nóż włożony blisko środka wyjdzie czysty. Wyjmij kubki z piekarnika. Odstaw na 2 minuty, a następnie przejedź małym nożem po wewnętrznej stronie kubków i odwróć talerze na talerz.

Słodko-kwaśny Zimowy Squash

Fegato dei Sette Cannoli

Sycylijska nazwa tej dyni to „wątroba siedmiu dział". Dzielnica Siedmiu Działa w Palermo, nazwana na cześć słynnej fontanny i pomnika, była kiedyś tak biedna, że jej mieszkańców nie było stać na jedzenie mięsa. W tym przepisie zastąpili dynię, która zwykle jest przygotowywana z wątróbką. Można go również zrobić z pokrojonej w plasterki cukinii, marchwi lub bakłażana.

Zaplanuj zrobić to co najmniej dzień przed podaniem, ponieważ tak smakuje najlepiej. Dobrze się przechowuje przez kilka dni.

Chociaż Sycylijczycy zazwyczaj pieczą dynię, ja wolę ją upiec. Nadaje się również jako antipasto.

1 mały orzech piżmowy, żołądź lub inna dynia zimowa lub dynia, pokrojona w plastry o grubości 1/4 cala

Oliwa z oliwek

⅓ szklanki octu z czerwonego wina

1 łyżka cukru

Sól

2 ząbki czosnku, bardzo drobno posiekane

⅓ szklanki posiekanej świeżej pietruszki lub mięty

1. Opłucz dynię i osusz ją. Przytnij końce dużym, ciężkim nożem szefa kuchni. Obierz skórkę obieraczką do warzyw. Dynię przekrój na pół i usuń nasiona. Pokrój dynię na plastry o grubości 1/4 cala. Rozgrzej piekarnik do 400 ° F.

2. Plasterki dyni obficie smarujemy olejem z obu stron. Ułóż plastry na blasze do pieczenia w jednej warstwie. Piec przez 20 minut lub do zmięknięcia. Odwróć plastry i piecz przez kolejne 15 do 20 minut lub do momentu, aż dynia będzie miękka po przekłuciu nożem i lekko zrumieniona.

3. W międzyczasie podgrzej ocet, cukier i sól do smaku w małym rondlu. Mieszaj, aż cukier i sól się rozpuszczą.

4. Ułóż kilka plasterków dyni w jednej warstwie na talerzu lub w płytkiej misce, lekko nachodząc na siebie. Po wierzchu posypać czosnkiem i natką pietruszki. Powtarzaj układanie warstw, aż wykorzystasz całą dynię, czosnek i pietruszkę. Całość zalewamy mieszanką octu. Przykryj i wstaw do lodówki na co najmniej 24 godziny przed podaniem.

Grilowane warzywa

Zieleń alla Griglia

Wychodzi 8 porcji

Grillowanie to jeden z najlepszych sposobów przyrządzania warzyw. Grill nadaje im dymny smak, a ślady po grillu dodają atrakcyjności wizualnej. Pokrój warzywa w grube plastry lub duże kawałki, aby nie spadły przez ruszt grilla do płomieni. Jeśli chcesz, przed podaniem możesz skropić je sosem oliwno-octowym.

1 średni bakłażan (około 1 funta), pokrojony w plastry o grubości 1/2 cala

Sól

1 duża czerwona lub hiszpańska cebula, pokrojona w plastry o grubości 1/2 cala

4 duże pieczarki typu portabello, usunięte łodygi

4 średnie pomidory, obrane i przekrojone na pół w poprzek

2 duże czerwone lub żółte papryki, pozbawione gniazd nasiennych i pokrojone w ćwiartki

Oliwa z oliwek

Świeżo mielony czarny pieprz

6 listków świeżej bazylii, porwanych na kawałki

1. Odetnij górę i dół bakłażana. Pokrój bakłażana w poprzek na plastry o grubości 1/2 cala. Obficie posyp plastry bakłażana solą. Umieść plastry w durszlaku i pozostaw na talerzu na 30 minut. Spłucz sól zimną wodą i osusz plastry papierowym ręcznikiem.

2. Ustaw grill lub stojak na brojlery około 5 cali od źródła ciepła. Rozgrzej grill lub brojler.

3. Nasmaruj plastry warzyw oliwą z oliwek i połóż je naoliwioną stroną skierowaną w stronę źródła ciepła. Smaż do lekkiego zrumienienia, około 5 minut. Odwróć plastry i posmaruj je olejem. Smażyć, aż będą złote i miękkie, około 4 minut. Warzywa posypać solą i pieprzem.

4. Ułóż warzywa na półmisku. Skrop więcej oliwą na wierzchu i posyp bazylią. Podawać na ciepło lub w temperaturze pokojowej.

Pieczone zimowe korzenie

Zieleń al Forno

Wychodzi 6 porcji

Jest to inspirowane pięknie zarumienionymi pikantnymi warzywami, często używanymi do pieczeni mięsnych w północnych Włoszech. Jeśli patelnia nie jest wystarczająco duża, aby pomieścić warzywa w jednej warstwie, użyj dwóch patelni.

2 średnie rzepy, obrane i pokrojone w ćwiartki

2 średnie marchewki, obrane i pokrojone na 1-calowe kawałki

2 średnie pasternaki, obrane i pokrojone na 1-calowe kawałki

2 średnie ziemniaki, pokrojone w kliny

2 średnie cebule, pokrojone w ćwiartki

4 ząbki czosnku, obrane

⅓ szklanki oliwy z oliwek

Sól i świeżo mielony czarny pieprz

1. Umieść ruszt na środku piekarnika. Rozgrzej piekarnik do 450 ° F. Połącz pokrojone warzywa i ząbki czosnku na dużej patelni. Warzywa powinny mieć tylko jedną warstwę. W razie potrzeby użyj dwóch patelni, aby warzywa nie były stłoczone. Warzywa polać olejem i doprawić solą i pieprzem do smaku.

2. Piecz warzywa przez około 1 godzinę i 10 minut, obracając je mniej więcej co 15 minut, aż będą miękkie i złociste.

3. Warzywa przełożyć na półmisek do serwowania. Podawać na gorąco.

Letni gulasz warzywny

Ciambotta

Oferta 4-6

Latem kilka razy w tygodniu odwiedzam lokalny targ rolniczy. Uwielbiam rozmawiać z rolnikami i wypróbowywać wiele niezwykłych produktów, które sprzedają. Bez targu na pewno nigdy nie spróbowałbym czerwonego mniszka lekarskiego, portulaki, jagnięciny i wielu innych warzyw, których nie można znaleźć w supermarketach. Niestety często kupuję za dużo. Następnie robię ciambotta, gulasz warzywny z południowych Włoch.

Ta ciambotta to klasyka, połączenie bakłażana, papryki, ziemniaków i pomidorów. Wspaniale smakuje jako dodatek lub z tartym serem jako bezmięsne danie główne. Można ją również jeść na zimno posmarowaną grzankami jako crostini i na ciepło jako nadzienie kanapkowe z plastrami mozzarelli.

1 średnia cebula

4 śliwkowe pomidory

2 ziemniaki, obrane

1 średni bakłażan

1 średnia czerwona papryka

1 średnia żółta papryka

Sól i świeżo mielony czarny pieprz

3 łyżki oliwy z oliwek

½ szklanki podartych listków świeżej bazylii lub świeżo startego sera Parmigiano-Reggiano lub Pecorino Romano (opcjonalnie)

1. Pokrój warzywa i pokrój je na kawałki odpowiedniej wielkości. Na dużej patelni podsmaż cebulę na oleju na średnim ogniu, aż zmięknie, około 5 do 8 minut.

2. Dodaj pomidory, ziemniaki, bakłażany i paprykę. Dodaj sól i pieprz do smaku. Przykryj i gotuj, od czasu do czasu mieszając, przez około 40 minut lub do momentu, aż wszystkie warzywa będą miękkie, a większość płynu odparuje. Jeśli mieszanka stanie się zbyt sucha, dodaj kilka łyżek wody. Jeśli jest za dużo płynu, otwórz pokrywkę i gotuj przez kolejne 5 minut.

3. Podawać na ciepło lub w temperaturze pokojowej, bez dodatków lub udekorowane bazylią lub serem.

Zmiana: Jajko Ciambotta: Gdy warzywa będą gotowe, ubij 4-6 jajek solą, aż się połączą. Wlej jajka na warzywa. Nie mieszaj. Przykryj patelnię. Gotuj, aż jajka się zetną, około 3 minut. Podawać na ciepło lub w temperaturze pokojowej.

Warstwowy Gulasz Warzywny

Teglia di Verdure

Oferta 6-8

Użyj ładnego naczynia do pieczenia i serwowania tej zapiekanki i podawaj warzywa na talerzu. Dobrze komponuje się z frittatą, kurczakiem i wieloma innymi potrawami.

1 średni bakłażan (około 1 funta), obrany i pokrojony w cienkie plasterki

Sól

3 średnie ziemniaki (około 1 kg), obrane i pokrojone w cienkie plasterki

Świeżo mielony czarny pieprz

2 średnie cebule

1 czerwona papryka i 1 zielona papryka, pozbawiona nasion i pokrojona w cienkie plasterki

3 średnie pomidory, posiekane

6 listków bazylii, porwanych na kawałki

1/3 szklanki oliwy z oliwek

1. Bakłażana obrać i pokroić w cienkie poprzeczne plastry. Połóż plastry na durszlaku i obficie posyp solą. Umieść durszlak na talerzu i pozostaw na 30-60 minut, aby odciekł. Opłucz plastry bakłażana i osusz je.

2. Umieść ruszt na środku piekarnika. Rozgrzej piekarnik do 375 ° F. Obficie natłuścić naczynie do pieczenia o wymiarach 13 x 9 x 2 cale.

3. Ułóż warstwę nakładających się plastrów ziemniaków na dnie patelni. Posyp solą i pieprzem na wierzchu. Przykryj ziemniaki warstwą bakłażana i posyp je solą. Dodaj warstwy cebuli, papryki i pomidorów. Posyp solą i pieprzem na wierzchu. Po wierzchu posypać bazylią. Po wierzchu skropić oliwą z oliwek.

4. Przykryć folią. Piec przez 45 minut. Ostrożnie zdejmij folię. Piec kolejne 30 minut lub do momentu, aż warzywa będą ugotowane i przebite nożem. Podawać na ciepło lub w temperaturze pokojowej.

Pieczywo, pizze, pikantne ciasta i kanapki

Buono come il pane, „dobry jak chleb", to stary włoski sposób opisywania kogoś lub czegoś bardzo wyjątkowego. Pokazuje też, jak ważny jest chleb. Każdy Włoch wie, że chleb jest najlepszy, najlepszy, a nic nie może być lepsze od chleba. Czy to rozetka, czyli okrągła bułka z samą skórką i odrobiną miękiszu, czy scatta, czyli łuska, złocisty sycylijski chleb z pszenicy durum wypiekany w nagrzanych piecach z łupinami migdałów, włoskie chleby mają wiele charakteru i smaku . Każdy region ma swój własny styl. Chleb z Toskanii i Umbrii jest wytwarzany bez soli, do czego trzeba się przyzwyczaić. Chleb Altamura z Apulii jest jasnozłoty i praktycznie jest narodowym skarbem. Mieszkańcy Rzymu i północnych regionów płacą za jego uzyskanie wyższą cenę. Chleb rzymski jest miękki w środku i dziurawy, chrupiący,

Następnie są podpłomyki: pizza, focaccia, piadina i wszystkie inne pyszne wariacje. Każdy region ma swoich faworytów. Neapol szczyci się reputacją miejsca narodzin nowoczesnej pizzy, a Genueńczycy przypisują sobie focaccię. Zamiast przyprawy, w południowych Włoszech popularne są pikantne placki składające się z dwóch warstw chleba lub ciasta na pizzę zapiekane wokół nadzienia warzywnego, mięsnego lub serowego jako przekąska lub jako pełnowartościowy posiłek.

Poniższe przepisy to tylko kilka z wielu możliwości. Niewielu Włochów piecze chleb w domu, ponieważ w każdej dzielnicy znajduje się lokalny forno („piekarnik"), jak nazywa się piekarnia chlebowa, w której kilka razy dziennie wypiekany jest świeży chleb. Chleby są wytwarzane z wolno rosnących ciast, które tworzą złożone smaki oraz dobrą konsystencję i ciągliwość. Ponieważ piecze się je w piekarnikach w wyższej temperaturze niż w domowych kuchniach, mają chrupiącą, chrupiącą skórkę.

Przepisy w tym rozdziale działają dobrze bez specjalnego wyposażenia. Jeśli jednak lubisz wypiekać chleby drożdżowe, powinieneś zainwestować w kamień do pieczenia lub nieszkliwione płytki do pieczenia. Wyposażony w hak do ciasta o dużej pojemności lub robot kuchenny, wytrzymały Power Mixer szybko miesza ciężkie, lepkie ciasto. Wypiekacz może być również używany do wyrabiania i wyrastania ciasta, ale nie nadaje się do pieczenia tego typu chleba.

Dodałem również przepisy na pikantne placki z serem i warzywami. Są dobre jako aperitif lub w towarzystwie sałatki do całego posiłku.

Kanapki to popularne przekąski i lekkie posiłki we Włoszech. Mediolańczycy wymyślili paninotekę, sklep z kanapkami, w którym można zamówić dowolne kombinacje dowolnego rodzaju chleba, tostowego lub nie. Paninoteca jest szczególnie popularna wśród młodych ludzi, którzy wpadają na kanapki i piwo.

W pozostałej części kraju można zjeść panino z białego chleba, focacci lub bułek. Rzymianie uwielbiają cienką, pozbawioną skórki kanapkę Tramezzino (pokrojoną w trójkąt), podczas gdy w Bolonii kanapki są robione z rozetą, lokalnymi chrupiącymi bułeczkami. Wracając z Włoch, zawsze zostawiam sobie czas, aby zatrzymać się w kawiarni na lotnisku na kanapkę z prosciutto i rukolą, „na wynos" i cieszyć się w samolocie powrotnym.

Domowy chleb

Panel domowy

Robi 2 bochenki

Oto podstawowy chleb we włoskim stylu, który robi się przyjemny i chrupiący w domowym piekarniku. Ponieważ ciasto jest bardzo lepkie, najlepiej zrobić ten chleb w blenderze lub robocie kuchennym. Nie ulegaj pokusie dodania mąki do ciasta. Aby uzyskać odpowiednie rezultaty, musi być bardzo wilgotne, z dużymi dziurami w bułce tartej i chrupiącą skórką.

1 łyżeczka aktywnych suchych drożdży

2 szklanki letniej wody (100° do 110°F)

4 1/2 szklanki mąki chlebowej

2 łyżeczki soli

2 łyżki drobnej semoliny

1. Wlej wodę do ciężkiej miski. Posypać nim drożdże. Odstaw, aż drożdże staną się kremowe, około 2 minut. Mieszaj, aż drożdże się rozpuszczą.

2. Dodaj mąkę i sól. Dobrze wymieszaj, aż powstanie miękkie ciasto. Ciasto powinno być bardzo klejące. Ubijaj ciasto, aż będzie gładkie i elastyczne, około 5 minut.

3. Natłuść wnętrze dużej miski. Wlej ciasto do miski i obracaj, aż będzie posmarowane olejem. Przykryć folią spożywczą i odstawić w ciepłe miejsce bez przeciągów do podwojenia objętości, na około 1,5 godziny.

4. Rozwałkuj ciasto i podziel na dwie części. Z każdego kawałka uformować kulkę. Posyp semolinę na dużej blasze do pieczenia. Ułóż kulki ciasta w kilkucentymetrowych odstępach na blasze do pieczenia. Przykryć folią spożywczą i odstawić w ciepłe miejsce bez przeciągów do podwojenia objętości, na około 1 godzinę.

5. Umieść ruszt na środku piekarnika. Rozgrzej piekarnik do 450 ° F. Za pomocą żyletki lub bardzo ostrego noża wytnij X na wierzchu każdego bochenka. Ciasto przełożyć na kamień do pieczenia. Piecz, aż bochenki będą złocistobrązowe i wydają głuchy dźwięk po stuknięciu, 40 minut.

6. Umieść bułki na stojakach z drutu, aby całkowicie ostygły. Przechowywać zawinięte w folię w temperaturze pokojowej przez 24 godziny lub w zamrażarce przez miesiąc.

chleb ziołowy

Połóż Erbe pod wodą

Robi 12-calowy bochenek

W miasteczku Forlimpopoli w Emilii-Romanii jadłem w restauracji otwartej przez młode małżeństwo w XVII-wiecznej willi. Przed posiłkiem przynieśli pyszny ziołowy chleb. Kiedy o to zapytałam, szef kuchni chętnie podzielił się przepisem i poradził, żebym wcześnie rano poszła do ogrodu po zioła jeszcze wilgotne od porannej rosy. Ale ze świeżo zebranymi ziołami z supermarketu nadal uzyskasz dobre wyniki.

1 opakowanie (21/2 łyżeczki) aktywnych suchych drożdży lub 2 łyżki. drożdże instant

1 szklanka letniej wody (100° do 110°F)

2 łyżki niesolonego masła, stopionego i ostudzonego

Około 21/2 szklanki niebielonej mąki uniwersalnej

1 łyżka cukru

1 łyżeczka soli

1 łyżka posiekanej świeżej pietruszki

1 łyżka posiekanej świeżej mięty

1 łyżka posiekanego świeżego tymianku

1 łyżka posiekanego świeżego szczypiorku

1 żółtko plus 1 łyżka wody

1. Wlej wodę do dużej miski. Posypać nim drożdże. Odstaw, aż drożdże staną się kremowe, około 2 minut. Mieszaj, aż drożdże się rozpuszczą.

2. Dodaj masło i 2 szklanki mąki, cukier i sól i mieszaj, aż powstanie miękkie ciasto. Wyrośnięte ciasto wyłożyć na lekko posypaną mąką powierzchnię. Posyp ziołami i ugniataj, aż będzie gładkie i elastyczne, około 10 minut, dodając więcej mąki w razie potrzeby, aby uzyskać wilgotne, ale nie lepkie ciasto. (Lub zrób ciasto w blenderze o dużej mocy, robocie kuchennym lub maszynie do chleba zgodnie z instrukcjami producenta.)

3. Natłuść wnętrze dużej miski. Wlej ciasto do miski i obróć raz, aby posmarować powierzchnię. Przykryć folią spożywczą i odstawić w ciepłe miejsce do podwojenia objętości, na około 1 godzinę.

4. Natłuść dużą blachę do pieczenia. Umieść ciasto na lekko oprószonej mąką powierzchni i spłaszcz dłonią, aby usunąć

wszelkie pęcherzyki powietrza. Zroluj ciasto między dłońmi w linę o długości około 12 cali. Wlać ciasto na blachę do pieczenia. Przykryć folią spożywczą i odstawić do podwojenia objętości, na około 1 godzinę.

5. Umieść ruszt na środku piekarnika. Rozgrzej piekarnik do 400 ° F. Posmaruj ciasto mieszanką żółtek. Za pomocą brzytwy lub bardzo ostrego noża natnij 4 linie na górze. Piec, aż chleb będzie złotobrązowy i wyda głuchy dźwięk po stuknięciu, około 30 minut.

6. Przesuń chleb na metalową kratkę, aby całkowicie ostygł. Zawinąć w folię i przechowywać w temperaturze pokojowej do 24 godzin lub zamrozić do 1 miesiąca.

Chleb serowy w stylu Marche

Ciaccia

Tworzy okrągły bochenek o średnicy 9 cali

Region Marche w środkowych Włoszech może nie jest dobrze znany z jedzenia, ale ma wiele do zaoferowania. Wybrzeże słynie z doskonałych owoców morza, podczas gdy w głębi kraju, z surowymi górami, kuchnia jest obfita i obejmuje dziczyznę i trufle. Lokalnym specjałem jest ciauscolo, miękka kiełbasa z bardzo drobno mielonej wieprzowiny doprawiona czosnkiem i przyprawami, którą można posmarować chleb. Ten smaczny chleb z dwóch różnych serów podawany jest jako przekąska lub jako aperitif do lampki wina. Idealnie nadaje się na piknik z jajkami na twardo, salami i sałatką.

1 opakowanie (2 1/2 łyżeczki) aktywnych suchych drożdży lub 2 łyżki. drożdże instant

1 szklanka gorącego mleka (100-110°F)

2 duże jajka, ubite

2 łyżki oliwy z oliwek

1/2 szklanki świeżo startego Pecorino Romano

½ szklanki świeżo startego Parmigiano-Reggiano

Około 3 filiżanek niebielonej mąki uniwersalnej

½ łyżeczki soli

½ łyżeczki świeżo zmielonego czarnego pieprzu

1. W dużej misce rozsyp drożdże na mleku. Odstaw, aż drożdże staną się kremowe, około 2 minut. Mieszaj, aż drożdże się rozpuszczą.

2. Dodaj jajka, olej i sery i dobrze ubij. Wymieszaj mąkę, sól i pieprz drewnianą łyżką, aż powstanie miękkie ciasto. Wyrośnięte ciasto wyłożyć na lekko posypaną mąką powierzchnię. Zagniataj, aż będzie gładkie i elastyczne, około 10 minut, dodając więcej mąki w razie potrzeby, aby uzyskać wilgotne, ale nie lepkie ciasto. (Lub przygotuj ciasto w mikserze, robocie kuchennym lub maszynie do chleba zgodnie z instrukcjami producenta.) Uformuj z ciasta kulę.

3. Natłuść wnętrze dużej miski. Włóż ciasto do miski i obróć raz, aby posmarować powierzchnię. Przykryć folią spożywczą i odstawić do wyrośnięcia na 1,5 godziny lub do podwojenia objętości.

4. Dociśnij ciasto, aby usunąć pęcherzyki powietrza. Z ciasta uformować kulę.

5. Natłuścić 9-calową tortownicę. Dodaj ciasto, przykryj i ponownie odstaw do wyrośnięcia, aż podwoi objętość, około 45 minut.

6. Umieść ruszt na środku piekarnika. Rozgrzej piekarnik do 375 ° F. Powierzchnię ciasta posmarować żółtkiem. Piec na złoty kolor, około 35 minut.

7. Pozostaw do ostygnięcia na 10 minut w garnku. Zdejmij boki z formy, a następnie zsuń chleb na metalową podstawkę, aby całkowicie ostygł. Zawinąć w folię i przechowywać w temperaturze pokojowej do 24 godzin lub zamrozić do 1 miesiąca.

Złote roladki kukurydziane

Panini d'Oro

Wychodzi 8-10 porcji

Okrągłe bułeczki z połową pomidorka koktajlowego swój złoty kolor zawdzięczają mące kukurydzianej. Z ciasta formuje się kulki, które po upieczeniu łączą się w jeden bochenek. Bułeczki można podawać jako cały bochenek, każdy sam sobie rwie. Są szczególnie dobre na obiad z zupą lub z serem.

1 opakowanie (2 1/2 łyżeczki) aktywnych suchych drożdży lub 2 łyżki. drożdże instant

1/2 szklanki gorącej wody (100-110°F)

1/2 szklanki mleka

1/4 szklanki oliwy z oliwek

Około 2 filiżanek niebielonej mąki uniwersalnej

1/2 szklanki drobnej żółtej mąki kukurydzianej

1 łyżeczka soli

10 pomidorków koktajlowych, przekrojonych na pół

1. W dużej misce rozsyp drożdże nad wodą. Odstaw, aż drożdże staną się kremowe, około 2 minut. Mieszaj, aż drożdże się rozpuszczą. Wymieszaj mleko i 2 łyżki oleju.

2. W dużej misce wymieszaj mąkę, mąkę kukurydzianą i sól.

3. Dodaj suche składniki do płynu i mieszaj, aż powstanie pasta. Wyrośnięte ciasto wyłożyć na lekko posypaną mąką powierzchnię. Zagniataj, aż będzie gładkie i elastyczne, około 10 minut, w razie potrzeby dodając więcej mąki, aby uzyskać wilgotne, lekko lepkie ciasto. (Lub przygotuj ciasto w mikserze, robocie kuchennym lub maszynie do chleba zgodnie z instrukcjami producenta.) Uformuj z ciasta kulę.

4. Natłuść wnętrze dużej miski. Dodaj pastę, obracając raz, aby natłuścić powierzchnię. Przykryć folią spożywczą i odstawić do wyrośnięcia na 1h30 w ciepłe miejsce z dala od przeciągów.

5. Natłuścić 10-calową tortownicę. Dociśnij ciasto, aby usunąć pęcherzyki powietrza. Ciasto pokroić na cztery części. Każdą ćwiartkę kroimy na 5 równych kawałków. Zroluj każdy kawałek w kulkę. Ułóż kawałki na talerzu. Ściśnij pomidora na pół, przecięciem do dołu, na środku każdego kawałka ciasta. Przykryć folią spożywczą i odstawić w ciepłe miejsce na 45 minut lub do podwojenia objętości.

6. Umieść ruszt na środku piekarnika. Rozgrzej piekarnik do 400 ° F. Skrop ciasto pozostałymi 2 łyżkami oliwy z oliwek. Piecz przez 30 minut lub do uzyskania złotego koloru.

7. Zdejmij boki garnka. Połóż roladki na metalowej podstawce do ostygnięcia. Zawinąć w folię i przechowywać w temperaturze pokojowej do 24 godzin lub zamrozić do 1 miesiąca.

Chleb z czarnych oliwek

chleb oliwkowy

Wystarcza na dwa 12-calowe bochenki

Chleb ten składa się z zakwasu, mieszanki mąki, wody i drożdży. Starter rośnie oddzielnie i jest dodawany do ciasta, aby nadać chlebowi dodatkowy smak. Planuj zacząć co najmniej 1 godzinę lub nawet dzień wcześniej.

Chociaż w tym przepisie zwykle używam pikantnych włoskich czarnych oliwek, można również użyć zielonych oliwek. Lub spróbuj mieszanki kilku różnych rodzajów oliwek. Ten chleb jest popularny w regionie Veneto.

1 opakowanie (2 1/2 łyżeczki) aktywnych suchych drożdży lub 2 łyżki. drożdże instant

2 szklanki letniej wody (100° do 110°F)

Około 4 1/2 szklanki niebielonej mąki uniwersalnej

1/2 szklanki mąki pełnoziarnistej

2 łyżeczki soli

2 łyżki oliwy z oliwek

1½ filiżanki pikantnych czarnych oliwek, takich jak Gaeta, bez pestek i grubo posiekanych

1. W średniej misce posyp drożdże 1 szklanką wody. Odstaw, aż drożdże staną się kremowe, około 2 minut. Mieszaj, aż drożdże się rozpuszczą. Wymieszaj 1 szklankę mąki uniwersalnej. Przykryć folią spożywczą i odstawić w chłodne miejsce do bulgotania, na około 1 godzinę lub na całą noc. (Jeśli jest gorąco, włóż zakwas do lodówki. Wyjmij go na około godzinę przed zrobieniem ciasta.)

2. W dużej misce wymieszaj pozostałe 3½ szklanki mąki uniwersalnej, mąki pełnoziarnistej i soli. Dodaj starter, pozostałą 1 szklankę ciepłej wody i olej. Mieszaj drewnianą łyżką, aż powstanie miękkie ciasto.

3. Przełóż ciasto na lekko posypaną mąką powierzchnię i zagniataj, aż będzie gładkie i elastyczne przez około 10 minut, dodając więcej mąki w razie potrzeby, aby uzyskać wilgotne, lekko lepkie ciasto. (Lub przygotuj ciasto w mikserze, robocie kuchennym lub maszynie do chleba zgodnie z instrukcjami producenta.) Uformuj z ciasta kulę.

4. Natłuść wnętrze dużej miski. Dodaj ciasto i obróć je raz, aby posmarować powierzchnię. Przykryć folią spożywczą i odstawić w ciepłe miejsce do podwojenia objętości, na około 1,5 godziny.

5. Natłuść dużą blachę do pieczenia. Spłaszcz ciasto, aby usunąć pęcherzyki powietrza. Oliwki krótko zagnieść. Podziel ciasto na dwie części i z każdej uformuj bochenek o długości około 12 cali. Umieść bochenki w kilkucentymetrowych odstępach na przygotowanych blachach do pieczenia. Przykryć folią spożywczą i odstawić do podwojenia objętości, na około 1 godzinę.

6. Umieść ruszt na środku piekarnika. Rozgrzej piekarnik do 400 ° F. Za pomocą żyletki z jednym ostrzem lub ostrego noża narysuj 3 lub 4 ukośne linie na powierzchni każdego bochenka. Piecz przez 40-45 minut lub do uzyskania złotego koloru.

7. Umieść bochenki na stojaku z drutu, aby ostygły. Zawinąć w folię i przechowywać w temperaturze pokojowej do 24 godzin lub zamrozić do 1 miesiąca.

Chleb Stromboli

Rotolo di Pane

Wychodzi na dwa 10-calowe bochenki

Rozumiem, że ten chleb nadziewany serem i wędlinami jest dziełem włosko-amerykańskim, być może zainspirowanym sycylijską bonatą, ciastem chlebowym owiniętym wokół nadzienia i upieczonym w bochenek. Stromboli to słynny sycylijski wulkan, więc nazwa prawdopodobnie odnosi się do farszu, który wylewa się z otworów parowych, przypominając stopioną lawę. Podawaj chleb jako przystawkę lub przekąskę.

1 łyżeczka aktywnych drożdży lub 2 łyżeczki drożdży instant

¾ szklanki ciepłej wody (100° do 110°F)

Około 2 filiżanek niebielonej mąki uniwersalnej

1 łyżeczka soli

4 uncje pokrojonego łagodnego sera provolone lub sera szwajcarskiego

2 uncje cienko pokrojonego salami

4 uncje szynki w plasterkach

1 żółtko roztrzepane z 2 łyżkami wody

1. W dużej misce rozsyp drożdże nad wodą. Odstaw, aż drożdże staną się kremowe, około 2 minut. Mieszaj, aż drożdże się rozpuszczą.

2. Dodaj mąkę i sól. Mieszaj drewnianą łyżką, aż powstanie miękkie ciasto. Przełóż ciasto na lekko posypaną mąką powierzchnię i ugniataj, aż będzie gładkie i elastyczne przez około 10 minut, dodając więcej mąki w razie potrzeby, aby ciasto było wilgotne, ale się nie kleiło. (Lub zrób ciasto w blenderze o dużej mocy, robocie kuchennym lub maszynie do chleba zgodnie z instrukcjami producenta.)

3. Natłuść wnętrze dużej miski. Dodaj ciasto do miski i obróć je raz, aby posmarować powierzchnię. Przykryj plastikową folią. Umieścić w ciepłym miejscu bez przeciągów i odstawić do podwojenia objętości na około 1,5 godziny.

4. Wyjąć ciasto z miski i delikatnie spłaszczyć, aby pozbyć się pęcherzyków powietrza. Ciasto przekroić na pół i uformować z niego dwie kule. Umieść kulki na oprószonym mąką blacie i przykryj każdą miseczką. Odstawiamy do wyrośnięcia na 1 godzinę lub do podwojenia objętości.

5. Umieść ruszt piekarnika na środku piekarnika. Rozgrzej piekarnik do 400 ° F. Natłuść dużą blachę do pieczenia.

6. Za pomocą wałka do ciasta spłaszcz kawałek ciasta na lekko posypanej mąką powierzchni w 12-calowy okrąg. Połowę plasterków sera ułożyć na wierzchu ciasta. Na wierzchu połową szynki i salami. Zroluj ciasto i nadzienie ciasno. Ściśnij szew, aby uszczelnić. Umieść roladę szwem do dołu na blasze do pieczenia. Zawiń końce ciasta pod wałkiem. Powtórz z innymi składnikami.

7. Nasmaruj bułki mieszanką żółtek. Za pomocą noża pokrój 4 płytkie plastry równomiernie rozmieszczone na wierzchu ciasta. Piecz przez 30 do 35 minut lub do uzyskania złotego koloru.

8. Przełożyć na metalową kratkę, aby lekko ostygły. Podawać gorące, pokrojone w ukośne plastry. Zawinąć w folię i przechowywać w temperaturze pokojowej do 24 godzin lub zamrozić do 1 miesiąca.

Chleb Z Serem Orzechowym

Pan Nociato

Sprawia, że dwa 8-calowe okrągłe bochenki

Z salami, oliwkami i butelką czerwonego wina ten chleb z Umbrii stanowi wspaniały posiłek. Ta wersja jest wytrawna, ale w Todi, jednym z najpiękniejszych średniowiecznych miasteczek w regionie, miałam słodką wersję z czerwonego wina, przypraw i rodzynek i smażoną w liściach winorośli.

1 opakowanie (2½ łyżeczki) aktywnych suchych drożdży lub 2 łyżki. drożdże instant

2 szklanki letniej wody (100° do 110°F)

Około 4½ szklanki niebielonej mąki uniwersalnej

½ szklanki mąki pełnoziarnistej

2 łyżeczki soli

2 łyżki oliwy z oliwek

1 szklanka startego Pecorino Toscano

1 szklanka posiekanych orzechów włoskich, uprażonych

1. W średniej misce posyp drożdże 1 szklanką wody. Odstaw, aż drożdże staną się kremowe, około 2 minut. Mieszaj, aż drożdże się rozpuszczą.

2. W dużej misce wymieszaj 4 szklanki mąki uniwersalnej, mąkę pełnoziarnistą i sól. Dodaj mieszaninę drożdży, pozostałą 1 szklankę ciepłej wody i olej. Mieszaj drewnianą łyżką, aż powstanie miękkie ciasto. Wyłożyć ciasto na lekko posypaną mąką powierzchnię i zagniatać, aż będzie gładkie i elastyczne przez około 10 minut, w razie potrzeby dodając więcej mąki, aby uzyskać wilgotne, lekko lepkie ciasto. (Lub zrób ciasto w blenderze o dużej mocy, robocie kuchennym lub maszynie do chleba zgodnie z instrukcjami producenta.)

3. Natłuść wnętrze dużej miski. Dodaj ciasto i obróć je raz, aby posmarować powierzchnię. Przykryć folią spożywczą i odstawić w ciepłe miejsce do podwojenia objętości, na około 1,5 godziny.

4. Natłuść dużą blachę do pieczenia. Spłaszcz ciasto, aby usunąć pęcherzyki powietrza. Posyp serem i orzechami powierzchnię i ugniataj, aby rozprowadzić składniki. Ciasto podzielić na dwie części i z każdej uformować okrągły bochenek. Umieść bochenki w kilkucentymetrowych odstępach na przygotowanych blachach do pieczenia. Przykryć folią spożywczą i odstawić do podwojenia objętości, na około 1 godzinę.

5. Umieść ruszt piekarnika na środku piekarnika. Rozgrzej piekarnik do 400 ° F. Za pomocą żyletki z jednym ostrzem lub ostrego noża narysuj 3 lub 4 ukośne linie na powierzchni każdego bochenka. Piecz, aż bochenki będą złocistobrązowe, a pukane od spodu będą wydawać głuchy dźwięk, około 40 do 45 minut.

6. Umieść bochenki na stojaku z drutu, aby całkowicie ostygły. Podawać w temperaturze pokojowej. Zawinąć w folię i przechowywać w temperaturze pokojowej do 24 godzin lub zamrozić do 1 miesiąca.

Roladki z pomidorów

Panini al Pomodoro

Robi 8 rolek

Pasta pomidorowa zabarwia te bułki na piękny pomarańczowo-czerwony kolor i dodaje odrobinę pomidorowego smaku. Lubię używać pasty pomidorowej o podwójnej mocy, która jest w tubkach jak pasta do zębów. Ma przyjemny słodki pomidorowy smak, a ponieważ większość przepisów wymaga tylko łyżki stołowej lub dwóch pasty, możesz użyć tyle, ile potrzebujesz, a następnie zamknąć tubę i przechowywać ją w lodówce, w przeciwieństwie do pasty.

Chociaż nie często myślę o Veneto, kiedy myślę o pomidorach, te bułki są tam popularne.

1 opakowanie (2 1/2 łyżeczki) aktywnych suchych drożdży lub 2 łyżki. drożdże instant

1/2 szklanki plus 3/4 szklanki gorącej wody (100-110°F)

1/4 szklanki przecieru pomidorowego

2 łyżki oliwy z oliwek

Około 23/4 szklanki niebielonej mąki uniwersalnej

2 łyżeczki soli

1 łyżeczka suszonego oregano, rozgniecionego

1. W średniej misce posyp drożdże 1/2 szklanki wody. Odstaw, aż drożdże staną się kremowe, około 2 minut. Mieszaj, aż drożdże się rozpuszczą. Dodaj przecier pomidorowy i resztę wody i mieszaj, aż będą gładkie. Wymieszaj oliwę z oliwek.

2. W dużej misce wymieszaj mąkę, sól i oregano.

3. Wlej płyn do suchych składników. Mieszaj drewnianą łyżką, aż powstanie miękkie ciasto. Przełóż ciasto na lekko posypaną mąką powierzchnię i zagniataj, aż będzie gładkie i elastyczne przez około 10 minut, dodając więcej mąki w razie potrzeby, aby uzyskać wilgotne, lekko lepkie ciasto. (Lub zrób ciasto w blenderze o dużej mocy, robocie kuchennym lub maszynie do chleba zgodnie z instrukcjami producenta.)

4. Natłuść wnętrze dużej miski. Dodaj ciasto i obróć je raz, aby posmarować powierzchnię. Przykryć folią spożywczą i odstawić do wyrośnięcia na 1,5 godziny lub podwoić objętość.

5. Natłuść dużą blachę do pieczenia. Spłaszcz ciasto, aby usunąć pęcherzyki powietrza. Ciasto pokroić na 8 równych części. Z

każdego kawałka uformować kulkę. Umieść kulki w kilkucentymetrowych odstępach na blasze do pieczenia. Przykryć folią spożywczą i odstawić do podwojenia objętości, na około 1 godzinę.

6. Umieść ruszt na środku piekarnika. Rozgrzej piekarnik do 400 ° F. Piec, aż bułki będą złotobrązowe i wydają głuchy dźwięk po stuknięciu, około 20 minut.

7. Zsuń bułki na metalową podstawkę, aby całkowicie ostygły i podawaj w temperaturze pokojowej. Przechowywać zawinięte w folię do 24 godzin lub w zamrażarce przez 1 miesiąc.

rustykalna brioszka

rustykalna brioszka

Wychodzi 8 porcji

Maślane, bogate w jajka ciasto brioche, prawdopodobnie sprowadzone przez francuskich szefów kuchni do Neapolu około XVIII wieku, jest wzbogacone siekanym prosciutto i serem. Ten smaczny chleb świetnie nadaje się jako antipasto lub podawany z sałatką przed lub po posiłku. Należy pamiętać, że to ciasto jest delikatnie ubijane, a nie ugniatane.

½ szklanki gorącego mleka (100-110°F)

1 opakowanie (2 1/2 łyżeczki) aktywnych suchych drożdży lub 2 łyżki. drożdże instant

4 łyżki stołowe (1/2 kostki) niesolonego masła w temperaturze pokojowej

1 łyżka cukru

1 łyżeczka soli

2 duże jajka w temperaturze pokojowej

Około 2 1/2 szklanki niebielonej mąki uniwersalnej

½ szklanki posiekanej świeżej mozzarelli, wysuszyć, jeśli jest wilgotna

½ szklanki posiekanego provolonu

½ szklanki posiekanej szynki prosciutto

1. Wlej mleko do małej miski i posyp drożdżami. Odstaw, aż drożdże staną się kremowe, około 2 minut. Mieszaj, aż drożdże się rozpuszczą.

2. W dużym blenderze lub robocie kuchennym ubij razem masło, cukier i sól, aż się połączą. Ubij jajka. Drewnianą łyżką wymieszaj mieszankę mleczną. Dodaj mąkę i ubijaj, aż będzie gładka. Ciasto będzie lepkie.

3. Uformuj z ciasta kulę na lekko posypanej mąką powierzchni. Przykryć odwróconą miską i odstawić na 30 minut.

4. Natłuść i posyp mąką 10-calową rurkę lub patelnię Bundt.

5. Lekko posyp mąką wałek do ciasta. Rozwałkuj ciasto na prostokąt o wymiarach 22 x 8 cali. Posyp serem i mięsem ciasto, pozostawiając 1-calową granicę na dłuższych bokach. Zaczynając od dłuższej krawędzi, zwiń ciasto ciasno na wałku, tworząc walec. Ściśnij szew, aby uszczelnić. Umieść roladę, szwem do dołu, w przygotowanej blasze. Ściśnij końce razem, aby uszczelnić. Przykryj naczynie folią spożywczą. Pozostaw

ciasto do wyrośnięcia w ciepłym miejscu bez przeciągów, aż podwoi swoją objętość, około 1,5 godziny.

6. Umieść ruszt piekarnika na środku piekarnika. Rozgrzej piekarnik do 350 ° F. Piecz, aż bochenki będą złotobrązowe i wydają głuchy dźwięk po stuknięciu, około 35 minut.

7. Umieść bochenki na stojaku z drutu, aby całkowicie ostygły. Podawać w temperaturze pokojowej. Zawinąć w folię i przechowywać w temperaturze pokojowej do 24 godzin lub zamrozić do 1 miesiąca.

Bochenek z papieru muzycznego z Sardynii

Mapa Musica

Przepis na 8-12 porcji

Duże, cienkie jak papier arkusze chleba nazywane są na Sardynii „papierem muzycznym", ponieważ kiedyś chleb, podobnie jak papier, był zwijany w celu łatwego przechowywania. Sardyńczycy kroją liście na małe kawałki, aby jeść je do posiłków lub jako przekąskę z miękkim kozim lub owczym serem, maczać je w zupie lub skropić nimi sosy, takie jak makaron. Kaszę manną można znaleźć w wielu specjalistycznych sklepach lub w katalogach, takich jak King Arthur Flour Baker's Catalog (zob.Źródła).

Około 1 1/4 szklanki mąki uniwersalnej lub niebielonego chleba

1 1/4 szklanki drobnej mąki z kaszy manny

1 łyżeczka soli

1 szklanka letniej wody

1. W dużej misce połącz mąkę uniwersalną lub chlebową, semolinę i sól. Mieszaj wodę drewnianą łyżką, aż mieszanina utworzy miękkie ciasto.

2.Zeskrobać ciasto na lekko posypanej mąką powierzchni. Zagniataj ciasto, w razie potrzeby dodając więcej mąki, aż powstanie twarde, gładkie i elastyczne ciasto, około 5 minut. Z ciasta uformować kulę. Przykryć miseczką dnem do góry i odstawić na 1 godzinę w temperaturze pokojowej.

3.Umieść ruszt na środku piekarnika. Rozgrzej piekarnik do 450 ° F.

4.Ciasto podzielić na sześć części. Używając wałka do ciasta, na lekko posypanej mąką powierzchni, rozwałkuj ciasto na 12-calowy okrąg, na tyle cienki, że widać przez nie rękę, gdy ciasto jest trzymane pod światło. Rozwałkuj ciasto na wałku, aby je unieść. Wlej ciasto na nienatłuszczoną blachę do pieczenia i ostrożnie wygładź fałdy.

5.Piecz przez około 2 minuty lub do momentu, aż powierzchnia chleba będzie twarda. Chroń jedną rękę podstawką pod patelnię, a drugą ręką obracaj ciasto dużą metalową szpatułką. Smaż jeszcze około 2 minut lub do lekkiego zrumienienia.

6.Przenieś chleb na metalową kratkę, aby całkowicie ostygł. Powtórzyć z resztą ciasta.

7. Pokrój każdy talerz na 2 lub 4 części do podania. Resztki przechowuj w suchym miejscu w szczelnie zamkniętej plastikowej torbie.

Zmiana: Na początek podgrzej chleb na blasze do pieczenia w niskim piekarniku przez 5 minut lub do momentu, aż będzie ciepły. Ułóż kawałki na talerzu i skrop każdą warstwę oliwą z oliwek z pierwszego tłoczenia i gruboziarnistą solą lub posiekanym świeżym rozmarynem. Podawać na gorąco.

Chleb z czerwoną cebulą

Focaccia alle Cipolle Rosso

Wychodzi 8-10 porcji

Ciasto na tę focaccię jest bardzo wilgotne i lepkie, więc miesza się je całkowicie w misce bez ugniatania. Mieszaj ręcznie drewnianą łyżką lub użyj mocnego miksera elektrycznego, robota kuchennego lub wypiekacza do chleba. Długie, powolne wyrastanie nadaje temu chlebowi pyszny smak i lekką konsystencję przypominającą ciasto. Podczas gdy większość focacci najlepiej smakuje na ciepło, ta jest wystarczająco wilgotna, aby przetrwać nawet w temperaturze pokojowej.

1 koperta (2 1/2 łyżeczki) aktywnych suchych drożdży lub drożdży instant

1/2 szklanki gorącej wody (100-110°F)

1 1/2 szklanki mleka w temperaturze pokojowej

6 łyżek oliwy z oliwek

Około 5 filiżanek niebielonej mąki uniwersalnej

2 łyżki posiekanego świeżego rozmarynu

2 łyżeczki soli

½ dl grubo posiekanej czerwonej cebuli

1. W średniej misce rozsyp drożdże nad ciepłą wodą. Odstaw, aż drożdże staną się kremowe, około 2 minut. Mieszaj, aż drożdże się rozpuszczą. Dodać mleko i 4 łyżki oleju i zmiksować na gładką masę.

2. Połącz mąkę, rozmaryn i sól w dużym blenderze lub robocie kuchennym. Dodaj mieszaninę drożdży i mieszaj, aż powstanie miękkie ciasto. Zagniataj, aż będzie gładkie i elastyczne, około 3 do 5 minut. Ciasto będzie lepkie.

3. Dużą miskę naoliwić. Wlej ciasto do miski i przykryj folią spożywczą. Zostawić do wyrośnięcia w ciepłym miejscu bez przeciągów, aż podwoi swoją objętość, około 1½ godziny.

4. Nasmaruj olejem naczynie do pieczenia o wymiarach 13 x 9 x 2 cale. Wlej ciasto do formy i równomiernie rozprowadź. Przykryć folią spożywczą i odstawić na 1 godzinę lub do podwojenia objętości.

5. Umieść ruszt piekarnika na środku piekarnika. Rozgrzej piekarnik do 450 ° F.

6. Mocno wciśnij opuszki palców w ciasto, aby utworzyć dołki oddalone od siebie o około 1 cal i głębokie na 1/2 cala. Posyp

pozostałymi 2 łyżkami oliwy z oliwek i posyp plasterki cebuli. Wierzch posypać gruboziarnistą solą. Piecz, aż będą chrupiące i złote, około 25 do 30 minut.

7. Przesuń focaccię na metalową podstawkę, aby ostygła. Pokrój w kwadraty. Podawać na ciepło lub w temperaturze pokojowej. Przechowywać w temperaturze pokojowej zawinięte w folię przez 24 godziny.

Chleb z białego wina

Focaccia z winem

Wychodzi 8-10 porcji

Białe wino nadaje temu biszkoptowi focaccia niepowtarzalny smak. Zwykle jest zwieńczona dużymi kryształami soli morskiej, ale jeśli chcesz, możesz zastąpić świeżą szałwię lub rozmaryn. W Genui jest spożywany przy każdym posiłku, w tym przy śniadaniu, a dzieci w wieku szkolnym kupują kawałek w piekarni na śniadanie. Ciasto na tę focaccię jest bardzo wilgotne i lepkie, dlatego najlepiej wyrobić je w blenderze lub robocie kuchennym.

Ta focaccia jest zrobiona z zakwasu - połączenia drożdży, mąki i wody, która nadaje wielu chlebom dodatkowy smak i dobrą konsystencję. Przystawkę można przygotować do 1 godziny lub do 24 godzin przed upieczeniem chleba, więc odpowiednio ją zaplanuj.

1 opakowanie (2 1/2 łyżeczki) aktywnych suchych drożdży lub 2 łyżki. drożdże instant

1 szklanka letniej wody (100° do 110°F)

Około 4 filiżanek niebielonej mąki uniwersalnej

2 łyżeczki soli

1/2 szklanki wytrawnego białego wina

1/4 szklanki oliwy z oliwek

Pożywny

3 łyżki oliwy z oliwek extra vergine

1 łyżeczka grubej soli morskiej

1. Na początek posyp drożdże wodą. Odstaw, aż drożdże staną się kremowe, około 2 minut. Mieszaj, aż drożdże się rozpuszczą. Ubij 1 szklankę mąki, aż będzie gładka. Przykryj folią i pozostaw w temperaturze pokojowej na około 1 godzinę lub do 24 godzin. (Jeśli jest gorąco, włóż zakwas do lodówki. Wyjmij go na około godzinę przed zrobieniem ciasta.)

2. Połącz 3 szklanki mąki i sól w wytrzymałym blenderze lub robocie kuchennym. Dodaj starter, wino i olej. Mieszaj ciasto, aż będzie gładkie i elastyczne, około 3-5 minut. Będzie bardzo lepkie, ale nie dodawaj mąki.

3. Natłuść wnętrze dużej miski. Dodaj pastę. Przykryć folią spożywczą i odstawić w ciepłe miejsce bez przeciągów do podwojenia objętości, na około 1,5 godziny.

4. Natłuść dużą blachę do pieczenia lub patelnię do galaretki o wymiarach 15x10x1 cala. Spłaszczyć ciasto. Umieść go na patelni, poklepując i rozciągając rękami, aby pasował. Przykryć folią spożywczą i odstawić do podwojenia objętości, na około 1 godzinę.

5. Umieść ruszt na środku piekarnika. Rozgrzej piekarnik do 425 ° F. Mocno dociśnij ciasto opuszkami palców, aby utworzyć wgłębienia w odległości około 1 cala. Na wierzch wlać 3 łyżki oleju. Posypać solą morską. Piec przez 25 do 30 minut lub do momentu, aż będą chrupiące i złote.

6. Przesuń focaccię na metalową kratkę, aby lekko ostygła. Pokrój w kwadraty lub prostokąty i podawaj na gorąco.

Chleb z suszonymi pomidorami

Focaccia di Pomodori Secchi

Wychodzi 8-10 porcji

Wilgotne, marynowane suszone pomidory są idealne do tej focacci w dowolnej formie. Jeśli masz tylko nierozmrożone suszone pomidory, po prostu namocz je przez kilka minut w ciepłej wodzie, aż zmiękną.

1 łyżeczka aktywnych suchych drożdży

1 szklanka letniej wody (100° do 110°F)

Około 3 filiżanek niebielonej mąki uniwersalnej

1 łyżeczka soli

4 łyżki oliwy z oliwek extra vergine

8-10 marynowanych suszonych pomidorów, odsączonych i pokrojonych w ćwiartki

Szczypta pokruszonego suszonego oregano

1. Drożdże rozsypać nad wodą. Odstaw, aż drożdże staną się kremowe, około 2 minut. Mieszaj, aż drożdże się rozpuszczą. Dodać 2 łyżki oleju.

2. Wymieszaj mąkę i sól razem w dużej misce. Dodaj mieszaninę drożdży i mieszaj drewnianą łyżką, aż powstanie miękkie ciasto.

3. Wyrośnięte ciasto wyłożyć na lekko posypaną mąką powierzchnię. Zagniataj, aż będzie gładkie i elastyczne, około 10 minut, w razie potrzeby dodając więcej mąki, aby uzyskać wilgotne, lekko lepkie ciasto. (Lub przygotuj ciasto w mikserze, robocie kuchennym lub maszynie do chleba zgodnie z instrukcjami producenta.) Uformuj z ciasta kulę.

4. Natłuść wnętrze dużej miski. Dodaj pastę, obracając raz, aby natłuścić powierzchnię. Przykryć folią spożywczą i odstawić w ciepłe miejsce bez przeciągów do podwojenia objętości, na około 1,5 godziny.

5. Natłuść dużą 12-calową okrągłą blachę do pieczenia lub patelnię do pizzy. Włóż ciasto do formy. Nasmaruj ręce olejem i rozpłaszcz ciasto na 12-calowy okrąg. Przykryć folią spożywczą i odstawić do podwojenia objętości na około 45 minut.

6. Umieść ruszt piekarnika na środku piekarnika. Rozgrzej piekarnik do 450 ° F. Opuszkami palców zrobić wgłębienia w cieście w odległości około 1 cala od siebie. Do każdego zagłębienia wcisnąć trochę pomidora. Skrop pozostałymi 2

łyżkami oliwy z oliwek i rozprowadź palcami. Posypać oregano. Piecz przez 25 minut lub do uzyskania złotego koloru.

7. Zsuń focaccię na deskę do krojenia i pokrój w kwadraty. Podawać na gorąco.

rzymski chleb ziemniaczany

Pizza ziemniaczana

Wychodzi 8-10 porcji

Chociaż Rzymianie jedzą dużo pizzy z typowymi dodatkami, ich pierwszą miłością jest pizza bianca, „biała pizza", długi prostokątny płaski chleb podobny do focaccia z biszkoptu, ale bardziej chrupiący i bardziej żujący. Pizza Bianca jest zwykle posypana tylko solą i oliwą z oliwek, chociaż popularna jest również ta odmiana z cienko pokrojonymi chrupiącymi ziemniakami.

1 opakowanie (21/2 łyżeczki) aktywnych suchych drożdży lub 2 łyżki. drożdże instant

1 szklanka letniej wody (100° do 110°F)

Około 3 filiżanek niebielonej mąki uniwersalnej

1 łyżeczka soli plus więcej do ziemniaków

6 łyżek oliwy z oliwek

1 funt ziemniaków o żółtym miąższu, takich jak Yukon Gold, obranych i pokrojonych w bardzo cienkie plasterki

Świeżo mielony czarny pieprz

1. Drożdże rozsypać nad wodą. Odstaw, aż drożdże staną się kremowe, około 2 minut. Mieszaj, aż drożdże się rozpuszczą.

2. W dużej misce wymieszaj 3 szklanki mąki i 1 łyżeczkę soli. Dodaj mieszaninę drożdży i 2 łyżki oleju. Mieszaj drewnianą łyżką, aż powstanie miękkie ciasto. Przełóż ciasto na lekko posypaną mąką powierzchnię i ugniataj, aż będzie gładkie i elastyczne przez około 10 minut, dodając więcej mąki w razie potrzeby, aby ciasto było wilgotne, ale się nie kleiło. (Lub zrób ciasto w blenderze o dużej mocy, robocie kuchennym lub maszynie do chleba zgodnie z instrukcjami producenta.)

3. Natłuść wnętrze dużej miski. Dodaj ciasto i obróć je raz na naoliwionej powierzchni. Przykryj plastikową folią. Zostawić do wyrośnięcia w ciepłym miejscu bez przeciągów, aż podwoi swoją objętość, około 1½ godziny.

4. Natłuścić patelnię 15 x 10 x 1 cal. Ostrożnie spłaszcz ciasto i włóż do formy. Rozciągnij i poklep ciasto, aby pasowało do formy. Przykryć folią spożywczą i odstawić do podwojenia objętości na około 45 minut.

5. Umieść ruszt na środku piekarnika. Rozgrzej piekarnik do 425 ° F. Wrzuć ziemniaki do miski z pozostałymi 4 łyżkami oliwy z oliwek i dopraw solą i pieprzem do smaku. Połóż plastry na wierzchu ciasta, tak aby lekko zachodziły na siebie.

6. Piec przez 30 minut. Zwiększ ciepło do 450 ° F. Piecz kolejne 10 minut lub do momentu, aż ziemniaki będą ugotowane i złociste. Zsuń pizzę na deskę i pokrój w kwadraty. Podawać na gorąco.

Chleb tostowy z regionu Emilia-Romania

piadyna

Wychodzi 8 bochenków

Piadina to popularny okrągły chleb wypiekany na gorącym talerzu lub na kamieniu w regionie Emilia-Romania. Latem na rogach ulic nadmorskich miast na wybrzeżu Adriatyku pojawiają się stragany z kolorowymi tkaninami w paski. W porze lunchu działy otwierają się dla biznesmenów i umundurowanych operatorów toczących i gotujących piadinę na zamówienie na płaskich blachach do pieczenia. Gorące piadyny o średnicy około dziewięciu cali są składane na pół, a następnie nadziewane serem, pokrojoną szynką prosciutto, salami lub smażoną zieleniną (np.Escarole czosnkowe) i zjadane jak kanapki.

Chociaż piadyna jest zwykle przygotowywana ze smalcu, zastępuję ją oliwą z oliwek, ponieważ świeży smalec nie zawsze jest dostępny. Pokrój piadynę na plasterki na antipasti lub przekąskę.

3 1/2 szklanki niebielonej mąki uniwersalnej

1 łyżeczka soli

1 łyżeczka proszku do pieczenia

1 szklanka letniej wody

¼ szklanki świeżego smalcu, stopionego i ostudzonego lub oliwy z oliwek

Gotowane warzywa, wędliny lub sery

1. Połącz mąkę, sól i proszek do pieczenia w dużej misce. Dodaj wodę i smalec lub olej. Mieszaj drewnianą łyżką, aż powstanie miękkie ciasto. Przełóż ciasto na lekko oprószony mąką blat i zagniataj przez chwilę, aż będzie gładkie. Z ciasta uformować kulę. Przykryć odwróconą miską i odstawić na 30 minut do 1 godziny.

2. Ciasto pokroić na 8 równych części. Pozostaw pozostałe kawałki przykryte i zwiń jeden kawałek ciasta w 8-calowy okrąg. Powtórz z resztą ciasta, układając między sobą koła woskowanym papierem.

3. Rozgrzej piekarnik do 250°F. Rozgrzej dużą nieprzywierającą patelnię lub patelnię do naleśników na średnim ogniu, aż będzie bardzo gorąca, a kropla wody skwierczy i szybko zniknie, gdy uderzy w powierzchnię. Umieść okrąg ciasta na powierzchni i piecz przez 30-60 sekund lub do momentu, aż piadina zacznie twardnieć i nabierze złotego koloru. Odwróć ciasto i smaż przez kolejne 30 do 60 sekund lub do ładnego zrumienienia po drugiej stronie.

4. Zawiń piadę w folię i trzymaj w cieple w piekarniku, podczas gdy w ten sam sposób pieczesz resztę ciasta.

5. Podawaj, kładąc warzywa lub plastry prosciutto, salami lub sera po jednej stronie piadiny. Złożyć piadę na nadzienie i zjeść jak kanapkę.

paluszki chlebowe

Grissini

Wychodzi około 6 tuzinów paluszków chlebowych

Maszynka do makaronu wyposażona w krajalnicę do fettuccine może również wytwarzać długie, cienkie paluszki chlebowe zwane paluszkami chlebowymi. (Podam również instrukcje, jeśli chcesz lub musisz pokroić ciasto na paluszki ręcznie.) Zmieniaj smak, dodając do ciasta zmielony czarny pieprz lub suszone zioła, takie jak posiekany rozmaryn, tymianek lub oregano.

1 opakowanie (2 1/2 łyżeczki) aktywnych suchych drożdży lub 2 łyżki. drożdże instant

1 szklanka letniej wody (100° do 110°F)

2 łyżki oliwy z oliwek extra vergine

Około 2 1/2 szklanki niebielonej mąki uniwersalnej lub mąki chlebowej

1 łyżeczka soli

2 łyżki żółtej mąki kukurydzianej

1. W dużej misce rozsyp drożdże nad wodą. Odstaw, aż drożdże staną się kremowe, około 2 minut. Mieszaj, aż drożdże się rozpuszczą.

2. Wymieszaj oliwę z oliwek. Dodaj 21/2 szklanki mąki i sól. Mieszaj, aż powstanie miękkie ciasto.

3. Zagniataj ciasto na lekko posypanej mąką powierzchni przez około 10 minut, aż stanie się twarde i elastyczne. W razie potrzeby dodaj więcej mąki, aby uzyskać lepkie ciasto. (Lub zrób ciasto w blenderze o dużej mocy, robocie kuchennym lub maszynie do chleba zgodnie z instrukcjami producenta.)

4. Natłuść wnętrze dużej miski. Włóż ciasto do miski i obróć raz, aby posmarować powierzchnię. Przykryć folią spożywczą i odstawić w ciepłe miejsce bez przeciągów do podwojenia objętości, na około 1,5 godziny.

5. Umieść dwa ruszty na środku piekarnika. Rozgrzej piekarnik do 350 ° F. Posyp dwie duże blachy do pieczenia mąką kukurydzianą.

6. Ciasto krótko zagniatamy, aby pozbyć się pęcherzyków powietrza. Ciasto podzielić na 6 części. Spłaszczyć kawałek ciasta w owalny kształt o wymiarach 5 × 4 × 1/4 cala. Posyp

trochę więcej mąki na wierzchu, aby się nie kleiło. Resztę ciasta pozostaw pod przykryciem.

7. Włóż krótszy koniec ciasta do noża do fettuccine maszynki do makaronu i pokrój ciasto na paski o szerokości 1/4 cala. Ciasto kroimy ręcznie, rozpłaszczając je wałkiem na desce do krojenia. Używając dużego noża zanurzonego w mące, pokrój w paski o grubości 1/4 cala.

8. Ułóż paski w odległości 1/2 cala od siebie na jednej z przygotowanych blach do pieczenia. Powtórzyć z resztą ciasta. Piec przez 20 do 25 minut lub do lekkiego zrumienienia, obracając patelnie w połowie pieczenia.

9. Schłodzić w foremkach na stojakach z drutu. Przechowywać w hermetycznym pojemniku do 1 miesiąca.

Krążki kopru włoskiego

Taralli al Finocchio

Daje 3 tuziny pierścieni

Taralli to chrupiące paluszki chlebowe w kształcie pierścieni. Można je po prostu doprawić oliwą z oliwek lub pokruszonym czerwonym pieprzem, czarnym pieprzem, oregano lub innymi ziołami i są popularne w całych południowych Włoszech. Są też słodkie tartary, które można maczać w winie lub kawie. Taralls mogą być tak małe jak nikiel lub kilka cali, ale zawsze są twarde i chrupiące. Lubię podawać je z winem i serem.

1 koperta (21/2 łyżki stołowej) aktywnych suchych drożdży lub 2 łyżeczki drożdży instant

1/4 szklanki ciepłej wody (100° do 110°F)

1 szklanka niebielonej mąki uniwersalnej

1 szklanka mąki semoliny

1 łyżka nasion kopru włoskiego

1 łyżeczka soli

1/3 szklanki wytrawnego białego wina

¼ szklanki oliwy z oliwek

1. Drożdże rozsyp nad wodą w miarce. Odstaw, aż drożdże staną się kremowe, około 2 minut. Mieszaj, aż drożdże się rozpuszczą.

2. Wymieszaj dwie mąki, koper włoski i sól razem w dużej misce. Dodaj mieszaninę drożdży, wino i olej. Mieszaj, aż powstanie miękkie ciasto, około 2 minut. Zeskrob ciasto na lekko posypaną mąką powierzchnię i ugniataj, aż będzie gładkie i elastyczne, około 10 minut. Z ciasta uformować kulę.

3. Natłuść wnętrze dużej miski. Włóż ciasto do miski i obróć raz, aby posmarować powierzchnię. Przykryć i odstawić w ciepłe miejsce bez przeciągów do podwojenia objętości, na około 1 godzinę.

4. Podzielić ciasto na trzy części, a następnie każdą trzecią podzielić na pół, aby uzyskać 6 równych części. Resztę przykryj odwróconą miską i pokrój jeden kawałek na 6 równych kawałków. Rozwałkuj kawałki na 4-calowe kawałki. Z każdego uformować pierścień i skleić ze sobą końce, aby je skleić. Powtórzyć z resztą ciasta.

5. Umieść kilka niestrzępiących się ręczników kuchennych. Napełnij do połowy dużą patelnię wodą. Podgrzej wodę aż do wrzenia. Dodaj kręgi ciasta po kilka na raz. (Nie stłocz ich.) Gotuj

przez 1 minutę lub do momentu, aż pierścienie wypłyną na powierzchnię. Wyjąć krążki łyżką cedzakową i położyć na ręczniku papierowym do odsączenia. Powtórzyć z resztą ciasta.

6. Umieść dwa ruszty na środku piekarnika. Rozgrzej piekarnik do 350 ° F. Umieść pierścienie ciasta w odległości jednego cala na 2 dużych nienatłuszczonych blachach do pieczenia. Piecz na złoty kolor, około 45 minut, obracając patelnie w połowie pieczenia. Wyłącz piekarnik i lekko uchyl drzwi. Pozostaw pierścienie do ostygnięcia w piekarniku przez 10 minut.

7. Przenieś krążki na metalową kratkę, aby ostygły. Przechowywać w hermetycznym pojemniku do 1 miesiąca.

Krążki migdałów i czarnego pieprzu

Taralli z Mandorlą

Tworzy 32 pierścienie

Ilekroć jadę do Neapolu, jednym z moich pierwszych przystanków jest piekarnia, aby kupić dużą torbę tych chrupiących krążków chleba. Są smaczniejsze niż precle lub inne przekąski i świetnie nadają się jako przekąska przed posiłkiem lub w jego trakcie. Neapolitańczycy przygotowują je z wieprzowiną, która nadaje im wspaniały smak i rozpływającą się w ustach konsystencję, ale świetnie smakują też z oliwą z oliwek. Te dobrze się trzymają i dobrze mieć je w firmie.

1 koperta (2 1/2 łyżki stołowej) aktywnych suchych drożdży lub 2 łyżeczki drożdży instant

1 szklanka letniej wody (100° do 110°F)

1/2 szklanki wieprzowiny, rozmrożonej i schłodzonej lub oliwy z oliwek

3 1/2 szklanki niebielonej mąki uniwersalnej

2 łyżeczki soli

2 łyżeczki świeżo zmielonego czarnego pieprzu

1 szklanka migdałów, posiekanych

1. Drożdże rozsypać nad wodą. Odstaw, aż drożdże staną się kremowe, około 2 minut. Mieszaj, aż drożdże się rozpuszczą.

2. Połącz mąkę, sól i pieprz w dużej misce. Wmieszać mieszaninę drożdży i smalec. Mieszaj, aż powstanie miękkie ciasto. Przełóż ciasto na lekko posypaną mąką powierzchnię i ugniataj, aż będzie gładkie i elastyczne, około 10 minut. Wmieszać migdały.

3. Z ciasta uformować kulę. Ciasto przykryć odwróconą miską i odstawić w ciepłe miejsce do podwojenia objętości, na około 1 godzinę.

4. Umieść 2 ruszty na środku piekarnika. Rozgrzej piekarnik do 350 ° F. Dociśnij ciasto, aby usunąć pęcherzyki powietrza. Ciasto przekroić na pół, następnie każdą połówkę jeszcze raz na pół, a następnie każdą ćwiartkę na pół, aby uzyskać 8 równych kawałków. Resztę ciasta przykryć i podzielić 1 kawałek na 4 równe części. Zroluj każdy kawałek w 6-calowy sznur. Skręć każdy sznurek 3 razy, a następnie uformuj go w pierścień, mocno ściskając końce. Umieść pierścienie w odległości 1 cala od siebie na dwóch nienatłuszczonych blachach do pieczenia. Powtórzyć z resztą ciasta.

5. Piecz pierścienie przez 1 godzinę lub do zrumienienia i chrupkości, obracając patelnie w połowie pieczenia. Wyłącz ogrzewanie i pozostaw koła do ostygnięcia i wysuszenia w piekarniku przez 1 godzinę.

6. Wyjąć z piekarnika i przełożyć na metalową kratkę do całkowitego ostygnięcia. Przechowywać w hermetycznym pojemniku do 1 miesiąca.

Pizza domowej roboty

Pizza di Casa

Wychodzi 6-8 porcji

Jeśli odwiedzisz dom w południowych Włoszech, zostaniesz poczęstowany taką pizzą. Różni się od okrągłego ciasta w stylu pizzerii.

Domowa pizza ma około 3/4 cala grubości po ugotowaniu na dużej patelni. Gdy patelnia jest naoliwiona, spód staje się chrupiący. Jest gotowana z lekką posypką tartego sera zamiast mozzarelli, która stałaby się zbyt ciągnąca, gdyby pizza była podawana w temperaturze pokojowej, jak to często bywa. Ten rodzaj pizzy dobrze znosi odgrzewanie.

Wypróbuj to ciasto z sosem kiełbasianym lub grzybowym i dodaj mozzarellę lub inny topiący się ser, jeśli planujesz zjeść go zaraz po upieczeniu.

Ciasto

1 koperta (2 1/2 łyżki stołowej) aktywnych suchych drożdży lub 2 łyżeczki drożdży instant

1 1/4 szklanki gorącej wody (100-110°F)

Około 3 1/2 szklanki niebielonej mąki uniwersalnej

2 łyżeczki soli

2 łyżki oliwy z oliwek

Pożywny

1 przepis (około 3 filiżanek)sos do pizzy

1/2 szklanki świeżo startego Pecorino Romano

Oliwa z oliwek

1. Przygotuj ciasto: Drożdże posyp wodą. Odstaw, aż drożdże staną się kremowe, około 2 minut. Mieszaj, aż drożdże się rozpuszczą.

2. W dużej misce wymieszaj 3 1/2 szklanki mąki i sól. Dodaj mieszaninę drożdży i oliwę z oliwek. Mieszaj drewnianą łyżką, aż powstanie miękkie ciasto. Przełóż ciasto na lekko posypaną mąką powierzchnię i ugniataj, aż będzie gładkie i elastyczne, dodając więcej mąki w razie potrzeby, aby ciasto było wilgotne, ale nie lepkie, około 10 minut. (Lub przygotuj ciasto w blenderze dużej mocy, robocie kuchennym lub maszynie do chleba zgodnie z instrukcjami producenta).

3. Lekko nasmaruj dużą miskę olejem. Włóż ciasto do miski i obróć raz, aby posmarować powierzchnię. Przykryj plastikową folią. Umieścić w ciepłym miejscu bez przeciągów i odstawić do podwojenia objętości na około 1,5 godziny.

4. Umieść ruszt na środku piekarnika. Nasmaruj patelnię do galaretek o wymiarach 15 x 10 x 1 cal. Ostrożnie spłaszcz ciasto. Umieść ciasto na środku formy, rozciągnij i stuknij, aby się zmieściło. Przykryć folią spożywczą i odstawić na około 45 minut, aż napęcznieje i prawie podwoi swoją objętość.

5. Gdy ciasto rośnie na patelni, przygotuj sos. Rozgrzej piekarnik do 450 ° F. Mocno dociśnij ciasto opuszkami palców, aby zrobić wgłębienia w odległości 1 cala na całej powierzchni. Rozsmaruj sos na cieście, zostawiając wokół 1/2-calowej krawędzi. Piec przez 20 minut.

6. Posyp serem na wierzchu. Skrop olejem. Włóż pizzę z powrotem do piekarnika i piecz przez 5 minut lub do momentu, aż ser się roztopi, a skórka nabierze złotego koloru. Pokrój w kwadraty i podawaj na gorąco lub w temperaturze pokojowej.

Ciasto na pizzę neapolitańską

Wystarcza na cztery 9-calowe pizze

W Neapolu, gdzie robienie pizzy jest formą sztuki, idealne ciasto do pizzy jest twarde i trochę chrupiące, na tyle miękkie, że można je zginać bez łamania. Pizza neapolitańska nie jest ani gruba i ciastowata, ani cienka i chrupiąca.

Aby uzyskać właściwą równowagę z mąkami dostępnymi w Stanach Zjednoczonych, potrzebujesz miękkiej mąki tortowej o niskiej zawartości glutenu i twardszej mąki uniwersalnej o wysokiej zawartości glutenu. Aby uzyskać bardziej chrupiącą skórkę, zwiększ ilość mąki uniwersalnej i odpowiednio zmniejsz ilość mąki tortowej. Mąka chlebowa, która zawiera dużo glutenu, sprawiłaby, że ciasto na pizzę byłoby zbyt twarde.

Ciasto na pizzę można mieszać i zagniatać w mikserze elektrycznym lub robocie kuchennym, a nawet w maszynie do chleba. Piecz placki bezpośrednio na kamieniu do pieczenia lub na nieszkliwionych płytkach kamionkowych, dostępnych w sklepach z naczyniami kuchennymi.

Z tego przepisu zrobisz cztery pizze. W Neapolu każdy ma swoją pizzę, ale ponieważ w domowym piekarniku trudno upiec kilka ciast naraz, kroję każdy placek na plasterki do podania.

1 łyżeczka aktywnych suchych drożdży lub drożdży instant

1 szklanka letniej wody (100-110°F)

1 dl mąki tortowej zwykłej (nie samorosnącej)

Około 3 filiżanek niebielonej mąki uniwersalnej

2 łyżeczki soli

1. Drożdże rozsypać nad wodą. Odstaw, aż drożdże staną się kremowe, około 2 minut. Mieszaj, aż drożdże się rozpuszczą.

2. Połącz obie mąki i sól w dużej misce. Dodaj mieszaninę drożdży i mieszaj, aż powstanie miękkie ciasto. Przełóż ciasto na lekko posypaną mąką powierzchnię i ugniataj, aż będzie gładkie i elastyczne, dodając więcej mąki w razie potrzeby, aby ciasto było wilgotne, ale nie lepkie, około 10 minut. (Lub zrób ciasto w blenderze o dużej mocy, robocie kuchennym lub maszynie do chleba zgodnie z instrukcjami producenta.)

3. Z ciasta uformować kulę. Połóż go na oprószonym mąką blacie i przykryj przewróconą miską. Zostawić do wyrośnięcia na około 1h30 w temperaturze pokojowej lub do podwojenia objętości.

4. Otwórz ciasto i usuń pęcherzyki powietrza. Pokrój ciasto na połówki lub ćwiartki, w zależności od wielkości pizzy, którą robisz. Z każdego kawałka uformować kulkę. Umieść kulki w odległości kilku centymetrów od siebie na posypanej mąką powierzchni i przykryj ręcznikiem kuchennym lub folią. Odstawiamy do wyrośnięcia na 1 godzinę lub do podwojenia objętości.

5. Lekko oprósz powierzchnię roboczą mąką. Poklep i rozciągnij kawałek ciasta na 9-12-calowy okrąg o grubości około 1/4 cala. Pozostaw krawędź ciasta nieco grubszą.

6. Obficie posyp mąką spód pizzy lub blachę do pieczenia bez brzegów. Ostrożnie umieść koło ciasta na wierzchu skorupy. Potrząśnij skórką, aby upewnić się, że ciasto się nie klei. Jeśli tak, podnieś ciasto i dodaj więcej mąki do skorupy. Ciasto jest gotowe do nadziewania i smażenia według Twojego przepisu.

Pizza z mozzarellą, pomidorem i bazylią

pizzę Margaritę

Pozwala na przygotowanie czterech 9-calowych pizz lub dwóch 12-calowych pizz

Neapolitańczycy nazywają tę klasyczną pizzę z mozzarellą, zwykłym sosem pomidorowym i bazylią Margherita na cześć pięknej królowej, która lubiła pizzę w XIX wieku.

1 przepisCiasto na pizzę neapolitańską, przygotowany w kroku 6

2 1/2 filiżankiSos marinara, w temperaturze pokojowej

12 uncji cienko pokrojonej świeżej mozzarelli

Świeżo starty Parmigiano-Reggiano, opcjonalnie

Oliwa z oliwek z pierwszego tłoczenia

8 listków świeżej bazylii

1. W razie potrzeby przygotuj ciasto i sos. Następnie umieść kamień do pizzy lub nieszkliwioną kamionkę lub blachę do pieczenia na 30-60 minut przed pieczeniem na najniższym poziomie piekarnika. Rozgrzej piekarnik do nie więcej niż 500 ° lub 550 ° F.

2. Rozsmaruj cienką warstwę sosu na cieście, pozostawiając 1/2 cala wokół krawędzi. Umieść mozzarellę na wierzchu i posyp tartym serem, jeśli używasz.

3. Otwórz piekarnik i ostrożnie wyjmij ciasto z muszli, przechylając je lekko w kierunku tylnej części kamienia i delikatnie kołysząc w przód iw tył. Piecz pizzę przez 6-7 minut lub do momentu, aż skórka będzie chrupiąca i brązowa.

4. Przełożyć na deskę do krojenia i skropić odrobiną oliwy z oliwek z pierwszego tłoczenia. Porwać 2 listki bazylii na kawałki i posypać nimi wierzch pizzy. Kroimy w plastry i od razu podajemy. Zrób więcej pizzy w ten sam sposób z innymi składnikami.

Zmiana: Pieczona pizza zwieńczona posiekaną świeżą rukolą i pokrojonym prosciutto.

Pizza z pomidorami, czosnkiem i oregano

Pizza Marinara

Pozwala na przygotowanie czterech 9-calowych pizz lub dwóch 12-calowych pizz

Chociaż w Neapolu je się wiele różnych rodzajów pizzy, oficjalne neapolitańskie stowarzyszenie producentów pizzy akceptuje tylko dwa rodzaje pizzy jako autentyczne.Pizza z mozzarellą, pomidorem i bazylią, nazwana na cześć ukochanej królowej, to jedna, a druga to pizza marinara, która wbrew swojej nazwie (marinara znaczy „marina") jest przygotowywana bez owoców morza.Jeśli zamówisz ten rodzaj pizzy w Rzymie zamiast w Neapolu, prawdopodobnie ma na to anchois.

Ciasto na pizzę neapolitańską, przygotowany w kroku 6

2 1/2 filiżankiSos marinara, w temperaturze pokojowej

1 puszka odsączonych anchois (opcjonalnie)

Suszone oregano, rozgniecione

3 ząbki czosnku, drobno pokrojone

Oliwa z oliwek z pierwszego tłoczenia

1. W razie potrzeby przygotuj ciasto i sos. Następnie umieść kamień do pizzy, nieszkliwioną kamionkę lub blachę do pieczenia na najniższym poziomie piekarnika na ruszcie na 30 do 60 minut przed pieczeniem. Rozgrzej piekarnik do nie więcej niż 500 ° lub 550 ° F.

2. Rozsmaruj cienką warstwę sosu na cieście, pozostawiając 1/2 cala wokół krawędzi. Na wierzchu ułożyć anchois. Posypać oregano i posypać czosnkiem.

3. Otwórz piekarnik i delikatnie wysuń ciasto z muszli, przechylając je w kierunku tylnej części kamienia i delikatnie kołysząc w przód iw tył. Piecz pizzę przez 6-7 minut lub do momentu, aż skórka będzie chrupiąca i brązowa.

4. Przełożyć na deskę do krojenia i skropić odrobiną oliwy z oliwek z pierwszego tłoczenia. Kroimy w plastry i od razu podajemy. Zrób więcej pizzy z pozostałych składników.

Przed pieczeniem posyp tę pizzę cienko pokrojoną pepperoni i odsączoną soloną ostrą papryką.

Pizza z Dzikimi Grzybami

Pizza Boscaiola

Robi cztery 9-calowe pizze

W Piemoncie znajomi winiarze zabrali mnie i mojego męża do pizzerii otwartej przez neapolitańczyka. Zrobił nam pizzę z dwoma lokalnymi składnikami, Fontiną z Doliny Ao, aksamitnym krowim serem i świeżymi borowikami. Ser pięknie się stopił i dopełnił leśny smak grzybów. Chociaż świeże borowiki są trudne do znalezienia w Stanach Zjednoczonych, ta pizza jest nadal dobra, gdy jest przygotowywana z innymi grzybami.

Ciasto na pizzę neapolitańską, przygotowany w kroku 6

3 łyżki oliwy z oliwek extra vergine

1 ząbek czosnku, drobno pokrojony

1 funt różnych grzybów, takich jak grzyby białe, shiitake i boczniaki (lub po prostu użyj białych grzybów), przycięte i pokrojone

½ łyżeczki posiekanego świeżego tymianku lub szczypta rozgniecionego suszonego tymianku

Sól i świeżo mielony czarny pieprz

2 łyżki posiekanej świeżej pietruszki

8 uncji Fontina Valle d'Aosta, Asiago lub mozzarella, cienko pokrojone

1. W razie potrzeby przygotuj ciasto. Następnie umieść kamień do pizzy, nieszkliwioną kamionkę lub blachę do pieczenia na najniższym poziomie piekarnika na ruszcie na 30 do 60 minut przed pieczeniem. Rozgrzej piekarnik do nie więcej niż 500 ° lub 550 ° F.

2. Na dużej patelni rozgrzej olej z czosnkiem na średnim ogniu. Dodaj grzyby, tymianek, sól i pieprz do smaku i gotuj, często mieszając, aż soki z grzybów odparują, a grzyby nabiorą złotego koloru, około 15 minut. Wymieszaj z pietruszką i zdejmij z ognia.

3. Rozłóż plastry sera na cieście, pozostawiając dookoła 1-calową granicę. Posyp grzyby na wierzchu.

4. Otwórz piekarnik i ostrożnie wysuń ciasto z muszli, przechylając je w kierunku kamienia i delikatnie kołysząc w przód iw tył. Piecz pizzę przez 6-7 minut lub do momentu, aż skórka będzie chrupiąca i brązowa. Po wierzchu skropić odrobiną oliwy z oliwek extra virgin.

5. Przełożyć na deskę do krojenia i skropić odrobiną oliwy z oliwek z pierwszego tłoczenia. Kroimy w plastry i od razu podajemy. Zrób więcej pizzy z pozostałych składników.

Calzoniego

Robi 4 calzone

Na ulicach Spaccanapoli, starej części Neapolu, możesz mieć szczęście spotkać ulicznego sprzedawcę robiącego calzone. Słowo to oznacza „dużą skarpetę", trafny opis tego nadziewanego ciasta. Calzone powstaje poprzez zawinięcie koła ciasta na pizzę wokół nadzienia. Sprzedawcy uliczni smażą je w dużych garnkach z wrzącym olejem na przenośnych piecach. W pizzeriach zazwyczaj piecze się calzoni.

1 opakowanie (2 1/2 łyżeczki) aktywnych suchych drożdży lub 2 łyżki. drożdże instant

1 1/3 szklanki ciepłej wody (100-110°F)

Około 3 1/2 szklanki niebielonej mąki uniwersalnej

2 łyżeczki soli

2 łyżki oliwy z oliwek plus więcej do szczotkowania powierzchni

Pożywny

1 kilogram pełnego mleka lub półtłustej ricotty

8 uncji świeżej mozzarelli, posiekanej

4 uncje prosciutto, salami lub szynki, posiekane

½ szklanki świeżo startego Parmigiano-Reggiano

1. W dużej misce rozsyp drożdże nad wodą. Odstaw, aż drożdże staną się kremowe, około 2 minut. Mieszaj, aż drożdże się rozpuszczą.

2. Dodaj 3 1/2 szklanki mąki, sól i 2 łyżki oliwy z oliwek. Mieszaj drewnianą łyżką, aż powstanie miękkie ciasto. Przełóż ciasto na lekko posypaną mąką powierzchnię i ugniataj, dodając więcej mąki w razie potrzeby, aż ciasto będzie gładkie i elastyczne, około 10 minut.

3. Lekko nasmaruj dużą miskę olejem. Włóż ciasto do miski i obróć na posmarowanej olejem powierzchni. Przykryj plastikową folią. Umieścić w ciepłym miejscu bez przeciągów i odstawić do podwojenia objętości na około 1,5 godziny.

4. Zagnieść ciasto pięściami. Ciasto pokroić na 4 części. Z każdego kawałka uformować kulkę. Umieść kulki w odległości kilku centymetrów od siebie na lekko posypanej mąką powierzchni. Przykryć luźno folią spożywczą i odstawić do podwojenia objętości na około 1 godzinę.

5. W międzyczasie mieszaj składniki nadzienia, aż dobrze się połączą.

6. Umieść dwa ruszty na środku piekarnika. Rozgrzej piekarnik do 425 ° F. Natłuścić 2 duże blachy do pieczenia.

7. Za pomocą wałka do ciasta rozwałkuj kawałek ciasta na lekko posypanej mąką powierzchni na 9-calowy okrąg. Umieść jedną czwartą nadzienia na jednej połowie koła, pozostawiając 1/2-calową granicę do uszczelnienia. Odwróć ciasto, aby przykryć nadzienie i odciśnij powietrze. Mocno ściśnij krawędzie, aby je skleić. Następnie odwróć granicę i zamknij ją. Umieść calzone na jednej z blach do pieczenia. Powtórz z resztą ciasta i nadzieniem, umieszczając calzone kilka cali od siebie.

8. Wytnij małe nacięcie na górze każdego calzone, aby umożliwić ujście pary. Nasmaruj powierzchnię oliwą z oliwek.

9. Piec przez 35 do 40 minut lub do momentu, aż będą chrupiące i złote, obracając patelnie w połowie pieczenia. Wsuń na stojak z drutu, aby ostygł przez 5 minut. Podawać na gorąco.

Zmiana: Napełnij calzoni mieszanką ricotty, koziego sera, czosnku i bazylii lub podaj calzoni z sosem pomidorowym.

Placki z anchois

Crispeddi di Alici

Daj 12

Te małe bułeczki wypełnione anchois są popularne w całych południowych Włoszech. Crispeddi to kalabryjskie imię; Sycylijczycy nazywają je fanfarichi lub po prostu pasta fritta, „smażone ciasto". Sycylijska rodzina mojego męża jadła go zawsze w sylwestra, podczas gdy inne rodziny jadły go w okresie Wielkiego Postu.

1 opakowanie (2 1/2 łyżeczki) aktywnych suchych drożdży lub 2 łyżki. drożdże instant

1 1/3 szklanki ciepłej wody (100-110°F)

Około 3 1/2 szklanki niebielonej mąki uniwersalnej

2 łyżeczki soli

1 puszka (2 uncje) płaskich filetów anchois, odsączonych i wysuszonych

Około 4 uncji mozzarelli, pokrojonej w paski o grubości 1/2 cala

Olej roślinny do smażenia

1. Drożdże rozsypać nad wodą. Odstaw, aż drożdże staną się kremowe, około 2 minut. Mieszaj, aż drożdże się rozpuszczą.

2. W dużej misce wymieszaj 31/2 szklanki mąki i sól. Dodaj mieszaninę drożdży i mieszaj, aż powstanie miękkie ciasto. Przełóż ciasto na lekko posypaną mąką powierzchnię i ugniataj, dodając więcej mąki w razie potrzeby, aż ciasto będzie gładkie i elastyczne, około 10 minut.

3. Dużą miskę naoliwić. Włóż ciasto do miski i obróć raz, aby posmarować powierzchnię. Przykryj plastikową folią. Umieścić w ciepłym miejscu z dala od przeciągów i odstawić do podwojenia objętości na około 1 godzinę.

4. Spłaszcz ciasto, aby usunąć pęcherzyki powietrza. Ciasto pokroić na 12 części. Połóż 1 kawałek na lekko posypanej mąką powierzchni i przykryj pozostałe kawałki.

5. Rozwałkuj ciasto na okrąg o średnicy około 5 cali. Umieść kawałek anchois i kawałek mozzarelli na środku koła. Podnieś brzegi ciasta i ściśnij je razem wokół nadzienia, tworząc punkt przypominający torebkę. Spłaszcz końcówkę, usuwając powietrze. Mocno dociśnij szew. Powtórz z innymi składnikami.

6. Wyłóż dno papierowymi ręcznikami. Wlej wystarczającą ilość oleju na głębokość 1/2 cala na dużą, ciężką patelnię. Rozgrzej

olej na średnim ogniu. Dokładać po kilka rolek na raz, zszyciem do dołu. Smaż bułki na złoty kolor, spłaszczając je szpatułką, około 2 minuty z każdej strony. Osączyć na ręcznikach papierowych. Posypać solą.

7. W ten sam sposób upiec pozostałe bułki. Lekko ostudź przed podaniem.

Notatka:*Zachowaj ostrożność podczas ich gryzienia; wnętrze pozostaje bardzo gorące, podczas gdy na zewnątrz stygnie.*

Sprzedaż pomidorów i sera

Panzerotti Pugliese

Przejechał 16 okrążeń

Małe placuszki podobne do powyższych placków z anchois to specjalność Dory Marzovilla z Apulii. Przygotowuje je codziennie dla rodzinnej restauracji I Trulli w Nowym Jorku. Można je przygotować z anchois lub bez.

1 przepis na ciasto pączkowe (zPlacki z anchois)

3 śliwkowe pomidory, pozbawione nasion i posiekane

Sól

4 uncje świeżej mozzarelli, pokrojonej na 16 kawałków

Olej roślinny do smażenia

1. Przygotuj ciasto. Następnie przekrój pomidory na pół i wyciśnij sok oraz nasiona. Pomidory pokroić i doprawić solą i pieprzem.

2. Ciasto pokroić na cztery części. Każdą ćwiartkę pokroić na 4 części. Resztę ciasta przykryj i rozwałkuj jeden kawałek na 4-calowy okrąg. Umieść 1 łyżeczkę pomidorów i kawałek

mozzarelli po jednej stronie koła. Złożyć drugą połowę ciasta na nadzienie w kształcie półksiężyca. Naciśnij powietrze i ściśnij krawędzie razem, aby uszczelnić. Brzegi mocno zlepić widelcem.

3. Wyłóż dno papierowymi ręcznikami. W ciężkim rondlu lub frytkownicy podgrzej co najmniej 1 cal oleju do 375 ° F na termometrze do głębokiego smażenia lub do momentu, aż 1-calowy kawałek chleba zbrązowieje na minutę. Ostrożnie umieszczaj wieże po kilka na raz w gorącym oleju. Pozostaw między nimi wystarczająco dużo miejsca, aby się nie stykały. Odwróć raz lub dwa razy i smaż na złoty kolor, około 2 minuty z każdej strony.

4. Roladki przekładamy na ręcznik papierowy do odsączenia. Posypać solą. Podawać na gorąco.

Notatka: Zachowaj ostrożność podczas ich gryzienia; wnętrze pozostaje bardzo gorące, podczas gdy na zewnątrz stygnie.

Ciasto wielkanocne

Pizza Rustica czy Pizza Chiene

Wychodzi 12 porcji

Większość południowych Włochów piecze wersję tego bardzo bogatego i aromatycznego ciasta na Wielkanoc. Niektóre ciasta są robione z ciasta drożdżowego, a inne z ciasta na słodkie placki. Do nadzienia często dodaje się jajka na twardo, a każdy kucharz ma swoje ulubione połączenie serów i wędlin. Tak moja babcia robiła ciasto wielkanocne.

Pizza Rustica jest również znana jako pizza chiene (wymawiane „pizza gheen"), dialektalna forma pizzy ripiene, oznaczająca „nadziewane" lub „faszerowane" ciasto. Zwykle jest spożywany na pikniku w Poniedziałek Wielkanocny, podczas którego rodziny planują świętować nadejście wiosny. Ponieważ jest tak bogaty, mały kawałek przechodzi długą drogę.

Powłoka

4 szklanki niebielonej mąki uniwersalnej

1 1/2 łyżeczki soli

½ szklanki stałego tłuszczu roślinnego

½ szklanki (1 kostka) niesolonego masła, schłodzonego i pokrojonego na kawałki

2 duże jajka, ubite

3-4 łyżki lodowatej wody

Pożywny

8 uncji łagodnej włoskiej kiełbasy, usunięte osłonki

3 duże jajka, lekko ubite

1 szklanka świeżo startego sera Parmigiano-Reggiano lub Pecorino Romano

2 funty całej lub częściowo odtłuszczonej ricotty, odsączonej przez noc (patrz ramkaOdcedź ricottę)

8 uncji świeżej mozzarelli, pokrojonej w małe kostki

4 uncje prosciutto, pokrojone w małe kostki

4 uncje gotowanej szynki, pokrojonej w małe kostki

4 uncje sopressata, pokroić w małe kostki

lukier

1 jajko, lekko ubite

1. Przygotuj bazę: Wymieszaj mąkę i sól w misce. Pokrój bułkę tartą w mieszankę i rozprowadź mikserem ręcznym lub widelcem, aż mieszanina będzie przypominać duże okruchy. Dodaj jajka i mieszaj, aż powstanie miękkie ciasto. Nabierz trochę mieszanki dłonią i szybko ściśnij, aż się połączy. Powtórz z pozostałym ciastem, aż składniki się połączą i uformują gładką kulę. Jeśli mieszanina wydaje się zbyt sucha i krucha, dodaj trochę lodowatej wody. Zbierz ciasto na dwa dyski, z których jeden jest trzy razy większy od drugiego. Zawiń każdy talerz w folię spożywczą. Przechowywać w lodówce przez 1 godzinę przez noc.

2. Aby zrobić nadzienie, gotuj mięso kiełbasy na małej patelni na średnim ogniu, mieszając od czasu do czasu, aż przestanie być różowe, około 10 minut. Mięso wyjąć łyżką cedzakową. Posiekaj mięso na desce.

3. W dużej misce wymieszaj jajka i parmezan, aż dobrze się połączą. Wymieszać z ricottą, mięsem z kiełbasy, mozzarellą i kostkami mięsa.

4. Umieścić ruszt piekarnika w dolnej jednej trzeciej części piekarnika. Rozgrzej piekarnik do 375 ° F. Używając

oprószonego mąką wałka do ciasta, rozwałkuj duży kawałek ciasta na lekko posypanej mąką powierzchni, aby utworzyć 14-calowy okrąg. Rozwałkuj ciasto na wałku. Przenieś ciasto do 9-calowej tortownicy i równomiernie dociśnij do dna i boków formy. Wlej nadzienie do formy.

5. Rozwałkuj pozostały kawałek ciasta na 9-calowy okrąg. Za pomocą karbowanego wałka do ciasta pokrój ciasto na paski o grubości 1/2 cala. Umieść połowę pasków w odległości 1 cala od siebie na wierzchu nadzienia. Obróć formę o ćwierć obrotu i umieść pozostałe paski na wierzchu, tworząc wzór kratki. Ściśnij krawędzie górnej i dolnej warstwy ciasta, aby je skleić. Ciasto posmarować lukrem jajecznym.

6. Piecz ciasto przez 1 do 11/4 godziny lub do momentu, aż skórka będzie złocistobrązowa, a nadzienie napęcznieje. Schłodzić ciasto na patelni na stojaku z drutu przez 10 minut. Zdejmij boki formy i pozostaw do całkowitego ostygnięcia. Podawać na ciepło lub w temperaturze pokojowej. Zamknij szczelnie i przechowuj w lodówce do 3 dni.

www.ingramcontent.com/pod-product-compliance
Lightning Source LLC
Chambersburg PA
CBHW050349120526
44590CB00015B/1626